책으로 말 걸기

교사, 책으로 청소년과 상담하는 방법을 익히다
책으로 말 걸기

ⓒ 고정원 2014

1판 1쇄 인쇄 2014년 10월 28일
1판 1쇄 발행 2014년 11월 3일

지은이 고정원

펴낸이 한기호
책임편집 김지민
편집 정안나, 서정원, 김주희
마케팅 연용호
경영지원 차보람

디자인 박수진
그림 박수진
인쇄 예림인쇄

펴낸곳 (주)학교도서관저널
출판등록 제2009-000231호(2009년 10월 15일)

주소 121-839 서울시 마포구 동교로 12안길 14(서교동) 삼성빌딩 A동 3층
전화 02-322-9677
팩스 02-322-9678
전자우편 slj9677@gmail.com
홈페이지 www.slj.co.kr

ISBN 978-89-6915-008-0 (03370)

이 도서의 국립중앙도서관 출판예정도서목록(CIP)은 서지정보유통지원시스템 홈페이지(http://seoji.nl.go.kr)와 국가자료공동목록시스템(http://www.nl.go.kr/kolisnet)에서 이용하실 수 있습니다.
(CIP제어번호 : CIP2014030170)

책으로 말 걸기

고정원 지음

학교도서관저널

차례

여는 글
책, 나와 아이들을 변화시키다 08

1장 아이에게 다가가는 방법

알 수 없는 불안 때문에 책을 읽지 못하는 아이 책이 불편한 정아 16
읽는 데 부담 없는 시로 친해진 아이 시 읽어 주는 대호 24
책을 선물하며 마음을 연 아이 새로 만나게 된 지연이 30
그림책으로 이야기를 시작한 아이 솔직한 감정을 알게 된 정훈이 36

2장 알맞은 책을 권하는 방법

수업 시간에 매일 자는 아이 추리소설을 좋아하는 운동부 수종이 48
연애에 관심 있는 아이 항상 아픈 연애를 선택하는 시내 54
애완동물을 좋아하는 아이 강아지를 좋아하는 현성이 61
사회에 관심 있는 아이 이제는 어리광도 부리고 싶은 효정이 67
진로가 걱정인 아이 약하게 보일까 걱정인 진영이 74

옛날을 그리워하는 아이 똥냄새가 그리운 우진이 82

3장 마음을 들여다보는 방법

자신감 없고 우울한 아이 내 옷자락을 잡고 서 있었던 정선이 92
자신을 마주하기 시작한 아이 책을 읽기 시작한 진아 99
가족의 의미를 고민하는 아이 가족이 너무나 미운 희연이 105
자기애가 부족한 아이 하고 싶은 이야기가 있었던 수연이 110
감정 표출이 어려운 아이 주변 사람들이 한심하다는 지호 116
사람들과의 관계에서 상처받은 아이 의미 있는 대상이 필요한 민혁이 125
친구들과 어울리기 어려운 아이 만화로 도망가 버린 지혁이 132
가족 관계가 어려운 아이 자신만의 색깔이 필요한 은희 139

차례

4장 조금씩 나아가는 힘을 불어넣는 방법

외로웠던 유년 시절을 만난 아이 목소리가 큰 진경이 150

관심이 필요한 아이 이야기를 하고 싶었던 승현이 157

말 걸기가 서툰 아이 멋진 특강을 마친 은영이 165

성폭력의 기억에서 벗어나고 싶은 아이
이제는 정말 행복해져도 좋을 희영이 172

색다른 취미를 가진 아이 거미를 좋아하는 혜진이 178

음식에 집착하는 아이 먹을 때만 즐겁다는 서영이 184

진짜 미래를 설계하기 시작한 아이
엄마에게서 조금씩 독립하고 있는 희경이 191

5장 꿈과 희망을 심어 주는 방법

미래를 생각하기 시작한 아이 다른 사람들의 삶이 궁금해지기 시작한 승연이 204
가출하는 동생이 걱정인 아이 들꽃을 닮은 지영이 212
다른 사람의 마음을 알아주는 아이 이번 가을을 잘 넘기고 있는 예지 219
새로운 시작을 약속한 아이 이제는 한곳에서 살고 싶은 은기 226
아이들을 보내며 고등학교 선생님들께 드리는 편지 234

닫는 글 아이들에게 책의 씨앗을 심어 주자 251
선생님과 학생이 함께 읽은 책 254

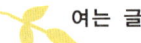 여는 글

책, 나와 아이들을 변화시키다

8년 전, 내가 지역사회교육전문가로 근무하던 중학교에는 '일진'이라고 불리는 아이들이 있었다. 선생님들은 학교에 일진 같은 것은 없다고 했지만 우리 학교 학생이면 예외 없이 그 아이들이 누구인지 알았으며 그 아이들이 복도를 지나가면 서로 길을 비켜 줘서 없던 길이 생길 정도였다. 그러던 어느 날, 운 좋게 그중 한 아이와 이야기를 시작할 수 있었고, 아이의 '믿을 만한 선생님'이란 말 한마디로 쉽게 그 아이들에게 다가갈 수 있었다.

그 후 나는 그 아이들과 다양한 실험을 시작했다. 목표는 내 삶에 만병통치약과도 같았던 책을 만나게 해 주는 것이었다. 각자 아픔이 있었던 아이들이니 책을 통해 더 단단해지길 바랐다. '독서 치료'라는 구조화된 프로그램이 아니라, 곁에서 아이들을 살뜰히 살피며 말을 걸고, 상처에 새살을 돋게 하는 진짜 책을 만나게 해 주고 싶었다.

무심코 보면 마냥 거칠어 보일 수 있는 아이들이지만 가까이에서 만난 아이들은 그렇지 않았다. 어른들이 말하는, 학생이면 하지 말아야 할 일을 일삼아도 그 잘못이 인생을 대가로 할 만큼 잘못한 건 아니라는 생각이 들었다. 나는 잘못에 대한 이야기보다는 아이들이 흥미 있을 법한 이야기를 건넸다.

가장 먼저 그 당시 관심 있게 보고 있던 『상처받은 내면아이 치유』(존 브래드쇼 지음, 오제은 옮김, 학지사), 『불행한 10대를 도우려면』(윌리암 글라써 지음, 박광석 옮김, 한국심리상담연구소) 등의 심리학책에 대해 이야기했다. 내가 책의 내용을 설명했고 아이들은 흥미롭게 들었다. 또 『그림을 통한 아동의 진단과 이해』(신민섭 지음, 학지사) 등의 투영검사책을 함께 봤는데 이 덕분에 집, 나무, 사람을 그리면서 자연스럽게 자신의 이야기를 시작할 수 있었다. 친구, 가족, 선생님에 대한 이야기도 나누었고, 그들이 왜 그렇게 행동하며 나는 왜 그런 반응을 했는지에 대해 생각해 보았다.

그러던 중 그림책에 관심 있었던 나는 독서 치료에 사용되는 그림책에는 어떤 것이 있는지 궁금했다. 그래서 집에 있는 그림책들을 들고 와 아이들에게 보여 주며 의견을 물어보았다. 이때 나는 그림책이 아이들과 이야기를 시작할 수 있는 멋진 도구가 된다는 것을 알았다. 그림책을 보는 아이들마다 중요하게 생각하는 부분이 달랐고, 아이들은 점점 "왜 저래?"가 아니라 "다를 수 있다."고 생각하기 시작했다.

그렇게 그림책이 쌓이자 우리는 새로운 것을 해 보기로 했다. 바로 그림책 읽어 주기 자원봉사를 하는 것이다. 마침 방학 때 '초등학교 돌봄 교실'을 운영하는 학교가 있었다. 우리는 그림책을 고르고, 아이들과 함께할 활동을 골라 자원봉사를 하러 갔다. 평소 거칠게만 보였던 아이들은 초등학생을 만나자 생기가 넘치는 아이들로 변했고, 우리가 함께 읽으며 좋아했던 그림책은 초등학생에게 처음 보는 새로운 세상이 되었다. 이후 유치원까지 가게 되었고, 그렇게 몇 번의 방학을 보내자 지역 최고의 자원봉사팀이라는 칭찬도 듣게 되었다. 아이들은 초등학생에게 들려줄 한 권의 그림책을 고르기 위해 어린이도서관에 가서 그림책 수십 권을 찾아 읽는 성의를 보였고, 30분의 독후 활동을 준비하기 위해 북아트 책 여러 권을 탐독하기도 했다. 내가 있는 공간은 아이들의 수업 준비로 항상 종이와 풀, 가위가 있었고 다양한 독후 활동의 실험 장소가 되었다. 이렇게 무언가를 만들 수 있는 재료가 준비되니 교육복지실을 찾는 아이들의 또 다른 실험이 시작되었다. 함께 놓아 둔 북아트 책을 보며 쉬는 시간이나, 점심시간 등의 자투리 시간을 이용해 무언가를 만들기 시작했다. 어떤 아이는 친구의 생일 카드를 만들어 가기도 하고, 어떤 아이는 수행 평가를 꾸미기도 하였다. 그러다가 자신이 만든 북아트에 내용을 채워 넣기 위해 시집이나 그림책, 소설책 들을 집어 들기 시작했다. 이내 자작시나 소설을 북아트에 적어 넣기 시작했고 이런 작품 속에는 어김없이 아이들의 삶이 녹아들어 있었다.

이런 시간을 함께하면서 아이들은 점점 하고 싶은 게 생겼다고 한다. 아이들이 졸업한 후에도 우리는 계속 연락했고, 가끔 만났다. 아이들은 곧잘 책을 추천해 달라고 했다. 그리고 내가 아기를 낳았을 때는 이제까지 내가 한 것처럼, 아기와 함께 읽으라며 책을 선물했다. 우리는 책으로 함께 성장했고 이제 이 아이들은 내가 어디서나 자랑하고 싶은 멋진 어른이 되었다.

내가 아이들을 바꾼 것은 아니다. 아이들은 원래 훌륭했고, 그들이 제자리를 찾아가고 싶었을 때 내가 운 좋게 곁에서 그 모습을 지켜볼 수 있었을

뿐이다. 지금 생각해 보면 아이들만큼 나도 많이 자라고 단단해졌다. 이렇듯 책은 우리 모두를 이어 주고, 보듬어 주고, 변화시켰다.

지금부터 내가 책으로 말을 건 아이들의 이야기를 시작해 보려고 한다. 이 책의 각 장은 아이들을 만나는 단계별로 나누었다. 처음에는 아이들이 곁을 주지 않고 함께 이야기하지 않으려 할 수 있지만, 천천히 아이들에게 다가가는 법부터 아이들의 심경을 헤아리는 것, 또 내가 줄 수 있는 도움에 대해 차례대로 말하고자 한다. 그리고 아이들과 만나는 데 도움을 줬던 책을 이야기의 마지막에 정리했다. 이 책이 나와 같이 아이들을 만나는 사람, 혹은 고민이 있는 아이들에게 도움이 되었으면 한다.

※본문에 나오는 아이들의 이름은 모두 가명입니다.

1장

아이에게
다가가는 방법

첫사랑은 항상 실패하기 마련이다. 나 역시 첫사랑에 실패했고, 아주 짧았음에도 불구하고 그 상처는 꽤 오래갔다. 아주 오래전의 일이지만 너무 많이 기대했고, 너무 급했던 것이 실패 원인이라고 생각한다. 나는 매년 새로운 아이들을 만날 때마다 그때 기억을 떠올린다. 아이들은 어설펐던 첫사랑보다 훨씬 매력적이며, 이성 간의 관계처럼 뻔한 결말이 없기 때문에 더 설렌다. 매년 나의 목표는 내가 좋아하는 아이들과 내가 좋아하는 책이 서로 친해질 수 있도록 다리를 놓아 주는 것이다. 절대 서두르지는 않는다.

가장 먼저 할 일은 아이들과 친구가 되는 것이다. 내가 잘하는 것은 아이들을 웃게 만드는 것. 아이들은 한번 웃으면 무장해제가 된다. 다행히 내가 만나는 아이들은 이제까지 자신을 웃게 하려는 어른을 많이 만나 보지 못해서인지 화려한 유머를 뽐낼 정도가 아니라도 상관없었다. 꼭 이야기를 나누고 싶은 아이가 있다면 계속 마주치기! 그리고 시비(?) 걸기를 꾸준히 해야 한다. 눈이 마주치면 다짜고짜 "안녕?"이라고 하거나 "너 2학년이지?" 이런 식으로 말을 거는 것이다.

아이들에게 책을 처음 내밀 때는 마치 내가 좋아하는 사람을 소개하는 것처럼 여러 가지 장치들을 마련해 둬야 한다. 노출 작전! 아이들과의 대화 한 자락에 책 내용을 살짝 끼워 넣기도 하고, 책 속의 그림을 화장실이나 교실 등 눈에 띄는 곳에 놓아두기도 한다. 생일 카드나 편지 안에도 살짝 넣는다. 마치 재미있는 일을 겪은 것처럼 이야기로 만들어 심심해하는 아이들에게 들려주기도 하고, 엎드려 자는 아이에게 베개로

　권하기도 한다. 함께 읽고 싶은 아이가 나를 볼 때 일부러 재미있는 듯 읽고 있기도 하고 말이다.

　그 다음은 좋은 기억을 남기는 것이다. 한 번도 해 본 적 없는 일을 함께 해 보는 것도 좋다. 예를 들어 점심시간에 도서실에서 팝업 카드 만들기, 집에서 밥이랑 반찬을 가져와서 비빔밥 해 먹기 같은 것들이다. 책과 함께해도, 그렇지 않아도 상관없다. 세상에는 많은 책들이 있어서 아이들과 어떤 일을 하든지 결국엔 다 연결된다. 좋은 기억은 아이들이 앞으로 힘을 내서 살아가는 데 좋은 에너지원이 된다는 것을 여러 차례 확인했다.

　이 모든 과정에서 가장 중요한 것이 있다. 내가 행복해지는 것! 아픔에 민감한 아이들은 다른 사람의 아픔에도 예민하게 반응한다. 가끔 아이들에게 "선생님은 우울하지 않아서 좋아요."라는 이야기를 듣는다. 나도 우울하다. 하지만 그 우울의 원인을 알고 책이라는 친구의 도움을 받고 있기 때문에 계속 움직일 수 있는 힘을 얻는다. 내가 돌봐야 할 아이들이 어느 날 거짓말처럼 내 앞에 나타나듯이 내가 필요한 책들도 신기하게 내 앞에 나타난다. 이때 그 아이를 만나기 위해, 그 책을 읽기 위해 약간의 품을 내어 놓는 것도 잊지 말아야 한다. 아이들을 만나는 일은 잘하고 못하는 것이 없다. 책을 읽는 것 역시 잘하고 못하는 것이 없다. 항상 진심은 통했고, 나도, 그 아이도, 책도 품을 내어 이야기를 만들어 가면 된다. 이제 시작이다. 이야기를 싫어하는 아이는 없고 이야기가 없는 책은 없으니, 책도 아이도 천천히 만나 보자!

알 수 없는 불안 때문에
책을 읽지 못하는 아이

책이 불편한 정아

정아가 도서실에 펼쳐 놓은 그림책 『딸은 좋다』를 보더니 투덜거리며 책장을 넘기기 시작한다. 읽는 동안 표정이 좋지 않다.

"딸은 좋다? 치……. 선생님도 그렇게 생각해요? 딸이 좋다고?"

"모르겠네. 난 아들도 없고, 남자 형제도 없어서……. 책이 맘에 안 드는구나?"

"짜증 나요. 불쌍한 사람들 이야기해 놓고, 뭐 그런 거 있잖아요. 가난하지만 행복하다, 이런 거요. 그런 느낌이에요."

"그럴 수도 있겠네. 음, 네가 그렇게 느꼈다면 이 책, 문제가 있군."

"제가 이상한 걸까요?"

중학교 3학년인 정아는 전교생이 아는 모범생이다. 친구들 사이에서는 공부 잘하고 성격 좋은 아이로, 선생님들에게는 성적도 좋은데 싹싹하기까지 한 아이로 유명하다. 게다가 반 회장인데 통솔력도 있어서 거친 남자아이들과도 스스럼없이 잘 지내고 있다. 사실 정아 같은 아이들은 나 말고도 사랑을 줄 선생님이 많기 때문에 평소에는 관심의 대상이 아니었다. 마침 '방과후학교'가 쉬는 시간이라 아이들이 몰려왔다. 나는 그 아이들에게 이 책이 어떤지 봐 달라고 했다.

"이 아이 못생겼는데 귀여워요."

"우리 엄마도 아들보다 딸이 훨씬 낫대요."

"맞아요. 제가 봐도 여자가 나은 것 같아요. 학교에서도 남자애들은 다 이상하잖아요."

아이들이 그림책을 보며 한마디씩 하고 있는 동안 정아는 가만히 곁에 서 있기만 했다.

"정아야, 애들 이야기 들었지? 너 이상한 거 맞지? 하하."

웃으라고 한 말인데 정아가 웃지 않는다. 그러고는 도서실을 나가려 하기에 도와줄 일이 있다며 붙잡았다. 아이들과 자연스럽게 이야기하기 위해 내가 자주 쓰는 방법은 '단순 작업 함께하기'다. 얼굴을 마주 봐야 하는 부담도 없으며 자기 이야기를 하기가 훨씬 쉽기 때문이다.

"저, 이상하게 남녀차별에 예민한 것 같아요. 학교에서도 여자가 어떻다 하는 이야기를 들으면 심하게 화가 나요."

"학교 말고 집에서도 그래?"

정아는 아마도 가족들 때문인 것 같다며 이야기를 시작했다. 아버지, 할머니, 오빠는 모두 엄마 앞에서는 폭군 같은 존재다. 항상 회사 일로 피곤하다며 집안일은 전혀 하지 않는 아버지, 마치 기다리고 있었다는 듯 엄마의 작은 실수 하나도 크게 부풀려 이야기하는 할머니, 자신이 공부를 못하는 것도, 사고치고 다니는 것도 다 엄마 잔소리 때문이라는 오빠, 모두 다 엄마를 못살게 구는 사람뿐이다. 정아가 생각하는 엄마는 예쁘고, 음식도 잘하며, 착한 사람이다. 책도 많이 읽어서 아는 것도 많은데 이상한 집안에 시집와서 조선시대 사람처럼 살고 있으니 너무 불쌍하다. 그래서 자신만은 엄마 편이 되어야겠다고 생각했다. 집안일도 돕고, 공부도 열심히 하고, 어디 가서 엄마 흉이 될 만한 일은 절대 하지 않으며 지냈다. 오늘 도서관에 온 것도 엄마가 읽을 만한 책을 빌려 가기 위해서였다.

"선생님, 그런데 신기한 건요. 저는 책을 잘 못 읽겠어요. 공부도 하겠고, 운동도 잘하는 편인데 책 읽는 건 잘 안 돼요. 책만 읽으면 다른 생각이 나고, 재미도 없고, 이제 책을 많이 읽어야 한다는데 걱정이에요. 서울대 필독 도서 이런 거 읽어 보려고 노력했는데 안 되더라고요."

방학 동안 엄마 책을 빌리러 오면서 내가 권해 주는 책을 한번 읽어 보라고 했다. 이제까지 내가 권해 준 책을 재미없다고 하는 아이는 없었다고, 믿어도 좋다고 했다. 정아에게는 우선 등장인물 욕을 실컷 할 수 있는 책을 권해 주면 좋겠다는 생각이 들었다. 그래서 『호기심』(이금이 외 지음, 김경연 엮음, 창비)에 나오는 「호기심에 대한 책임감」이라는 단편을 읽어 보라고 했다. 정아는 표지가 마음에 들지 않는다며 투덜거렸지만 꼭 읽어 보겠다고 했다. 저녁에 정아에게 문자를 보냈다.

책은 읽을 만하지?

네…….

왜? 재미없어?

아니요. 열 받아서요.

그래그래, 낼 만나서 실컷 욕이나 하자.

그날 이후 정아는 계속 내게 책을 빌리러 왔다. 우리는 그때마다 마치 친구 흉을 보는 것처럼 등장인물 이야기를 하며 즐거워했다. 다음에 권한 책은 『자린고비의 죽음을 애도함』(윤영수 지음, 창비) 중에 「하늘여자」였다. 정아는 이 책을 받아들며 『호기심』도 다 읽었다면서 이 책도 다 읽겠다고 했지만 나는 다른 작품은 재미없으니 그것만 읽으라고 했다. 방학이니 한 권 더 빌려 달라고 해서 『엄마의 마흔 번째 생일』(최나미 지음, 정문주 그림, 사계절출판사)이라는 동화책도 빌려 주었다. 며칠 후 이 책을 다 읽었다기에 다시 이야기를 시작했다. 정아는 책을 읽다가 이렇게 화가 난 것도, 슬퍼서 울기까지 한 것도 처음이라고 했다.

"선생님, 그런데 전 왜 남자들보다 주인공 여자들에게 더 화가 나는지 모르겠어요. 저라면 안 그랬을 거예요. 선녀도 그래요. 이제 그렇게 착하기만 한 건 나쁜 것 같아요. 드라마에서도 요즘은 안 그러잖아요. 그렇게 멍청하게 착한 건 짜증 나요."

"그럼 『엄마의 마흔 번째 생일』에 나오는 엄마를 이해할 수 있겠어? 치매에 걸린 할머니를 두고 자신의 일을 하다가 가족에게 욕먹잖아."

정아는 손톱을 물어뜯기 시작했다. 그런 정아의 손을 잡고 손톱을 보았다. 무척 짧은 손톱은 이미 여러 군데 피가 맺혀 있을 정도로 상해 있었다.

"이런, 우리 딸한테 하는 잔소리를 해야겠군. 에그, 입에 병균 들어가. 그리고 정서불안 같잖아. 하하."

"저 불안한가 봐요. 이유는 잘 모르겠는데 자꾸 불안해요. 마음도 급하고……."

정아는 얼굴이 빨개져서는 손을 감추며 서가로 갔다.

"선생님이 권해 주시는 책은 모두 쇼킹해요. 선생님이 이제까지 읽은 책 중에 가장 쇼킹한 책은 뭐예요?"

나는 정아가 말한 '쇼킹'이 '감정을 많이 흔들었다'는 뜻이라면 『마녀 사냥』이라고 했다. 내가 초등학교 4학년쯤 빌려 읽었는데 그 당시에는 '우리 어머니는 마녀가 아니에요'라는 제목이었고, 마녀사냥이 한참이던 시대, 주인공 어머니가 마녀로 몰려 죽게 되는 과정을 사실적으로 묘사한 책이다. 나는 이 책을 읽고 며칠 동안 잠을 설쳤다는 이야기도 덧붙였다. 정아는 이 책을 빌려 갔고 며칠 후 그동안 이른 시간에 왔던 것과는 다르게 퇴근 시간이 다 되어 나타났다. 책을 들고 도서실 문 앞에서 책을 돌려주는 것도, 이야기를 하는 것도 아닌 어정쩡한 자세로 서 있었다.

"나 퇴근할 건데, 배고프면 떡볶이 콜?"

정아가 환하게 웃으며 고개를 끄덕였다.

바람이 너무 차서 빠르게 걸어가는데 정아가 이야기를 시작했다.

"저…… 책을 읽으면서 제가 불안해하는 이유를 알아냈어요."

정아는 중학교 3학년이 되면서부터 엄마에게 짜증이 많이 났다. 예전에는 마냥 불쌍하기만 했던 엄마가 이제 답답하게 느껴졌다. 잔소리하는 할머니에게 뭐라고 대꾸도 하지 않고, 한 번도 아빠를 향해 웃어 주거나 밝은 목소리로 이야기하지 않고, 사고치는 오빠를 야단치지도 않는 엄마가 더 문제가 아닐까 하는 생각이 들기 시작했다. 매일 이 세 사람에게 괴롭힘을 당하는 엄마를 보고 있으면 속이 터질 것 같았다. 항상 어두운 엄마 얼굴을 보면 짜증 나고, 자기까지 우울해지는 것이었다. 그러면서 엄마처럼 살기 싫고, 연애만 하고 결혼은 하지 않는 멋진 커리어우먼으로 살고 싶다는 생각을 했다. 그런데 『마녀 사냥』을 읽으면서, 요즘 느끼는 답답함과 불안이 어쩌면 엄마가 죽거나, 떠나 버릴지도 모른다는 두려움 때문이 아닐까 하는 생각을 하게 되었다. 그러다 보니 이제까지 엄마를 미워하는 것으로 두려움을 없애 버리려고 한 것은 아닐까 하는 생각까지 하게 되었다고 했다. 나는 정아에게 똑똑해서 생각을 깊게 했다며 칭찬해 주었다. 칭찬에 익숙하던 아이가 쑥스러워했다. 중학생이 되어서 부모와의 관계를 다시 정립하는 경우를 많이 보았다. 이때 모든 것을 짜증으로 표현해 버리는데 자세히 살펴보면 이제까지와는 다른 부모의 위치를 정하는 과정에서 겪는 혼란인 것이다. 어렸을 때 자신에게 커다란 존재였던 부모가 어느 날 갑자기 자신과 비슷한 인간이라는 것을 인식하게 된다면 큰 충격일 것이다. 그럴 때면 아이들에게 제2의 탯줄 끊기(정서적으로 부모와의 분리 시작하기)에 대한 이야기를 해 준다. 예쁜 모양의 배꼽을 갖기 위해서 잘 이겨내 달라고 부탁하면서.

 정아는 가기 전에 엄마에게 줄 거라며 떡볶이를 포장했다. 할머니 몰래 엄마랑 숨어서 먹을 거라고 했다. 그리고 예전처럼 자신이 엄마 편임을 느낄 수 있도록 해 주어야겠다고 했다. 나는 바삐 집으로 향하는 정아에게 엄마랑 편을 먹고 적(?)들에게 이길 멋진 방법을 꼭 찾길 바란다며 손을 흔들어 주었다.

'여성'에 대해 생각할 수 있는 책

❖ 『딸은 좋다』 채인선 지음, 김은정 그림, 한울림어린이

 '아들은 좋다' 이런 책은 없죠?
이것도 남녀차별이에요. 남자니까 무거운 것도 들고,
더 시끄럽고 공부도 못한다는 소리도 듣고 말이에요.

 구별이 아니라 차별을 받는다는 느낌이 들면
싫을 것 같네. 이 책은 어땠니?

 음, 마지막이 기억에 남아요.
다시 엄마가 되는 것이라는 이야기…….

 그렇구나. 이 책처럼 너도 네 어린 시절 사진을
모아 '아들은 좋다' 라는 책을 만들어도
좋을 것 같은데?

● 딸을 낳고, 시집보내기까지의 과정을 찍어 놓은 사진첩을 들여다보는 것 같다. 이 책과 비슷한 『언젠가 너도』(앨리슨 맥기 지음, 피터 레이놀즈 그림, 김경연 옮김, 문학동네)를 아이들은 더 좋아하는 것 같다. 딸을 가진 어른이 먼저 읽고 자신의 경험과 느낌을 함께 전하는 것이 더 효과적인 읽기 방법이다.

❖ 『마녀 사냥』 라이프 에스퍼 애너슨 지음, 매스 스태에 그림, 김경연 옮김, 보림

 정말 이렇게 끝인 거예요?

 당황스럽지? 엄마 죽고,
의지하고 있었던 사람마저 어떻게 될지 모르고.

 왜 죄 없는 여자를 잡아다가
고문하고 죽였어요?

서양 중세시대에는 마녀사냥이라는 게 있었거든. 그런데 왜 이 작가는 결말을 이렇게 썼을 것 같아?

 음, 혹시 아직도 약자에게 부당한 일이 많기 때문 아닐까요? 예전에 비하면 좋아지긴 했지만 아직도 완전히 없어진 건 아니잖아요.

 우와! 훌륭한 해석인데?

● 주인공은 어머니와 둘이 경제적으로 어렵게 살고 있는데 어머니는 약초로 아픈 사람을 낫게 해 주는 일을 했다. 그러던 중 어머니가 마녀로 몰리고, 주인공은 어머니가 고문당하고, 죽는 것을 목격한다. 그 후 충격에 휩싸여 산으로 도망가 새로운 사람을 만나게 되지만 그 역시 마녀로 몰려 쫓기게 되고, 주인공이 그 집을 나오는 것으로 이야기는 끝난다. 처음부터 끝까지 우울하고 무서운 분위기다.

❋ 「가시내」 김장성 지음, 이수진 그림, 사계절출판사

 가시내? 이거 경상도 사투리 아니에요? 우리 할머니가 매일 "가시내가 와 그 모양이고?" 하시거든요.

 맞아. 그런데 가시내가 왜 가시내가 되었는지 이 책에 나와. 한번 읽어 봐. 재미있어.

● 돌팔매를 잘하는 여자아이가 임진왜란이 일어나자 자신도 싸우겠다고 장군을 찾아갔으나 여자라고 받아 주지 않는다. 왜군에게 점점 밀리자 여자아이는 갓을 쓰고 가서 왜군을 무찌른다. 사람들은 갓 쓴 애를 칭송하게 되었고, 훗날 가시내가 되었다는 내용의 그림책이다.

읽는 데 부담 없는 시로
친해진 아이

시 읽어 주는 대호

일주일째 벌로 청소 중인 대호가 대걸레를 끌고 교육복지실로 들어섰다. 한 달 전부터 교육복지실에서 '교복 수선'과 '간단한 학습 준비물 대여'를 시작했다. 교육복지실 앞에 홍보 문구도 붙여 두었다. 대호도 그것을 보고 들어온 모양이다.

"저 교복 단추 떨어졌는데 이것도 달아 줘요?"

"물론, 그런데 수선비가 있어. 돈은 아니고…… 우리의 정신 건강을 위해 시를 한 편 읽어 주는 거야."

"읽기만 하면 해 줘요?"

"그럼."

귀찮아서 읽지 않는다고 할까 봐 빨리 시집을 찾아 시 한 편을 골라 주었다. 대호가 대걸레를 옆에 낀 채 시를 읽기 시작한다.

"요샌, 아무 말도 하기 싫다//엄마랑 아빠가 뭘 물어와도/대답은커녕 그냥 짜증부터 난다/이게 사춘기인가?//엄마 말이 안 들리니? 들려요/너 요새 무슨 일 있지? 없어요/너 요새 누구랑 노니? 그냥 놀아요/너 요새 무슨 생각하니? 아무 생각 안 해요/쉬는 날 식구들끼리 놀러 갈까? 싫어요/너 요새 진짜 왜 그래? 뭐가요/엄마랑 말하기 싫어? 고개만 끄덕끄덕/대충대충 설렁설렁 대답하고는/내 방으로 휙 들어가 버린다/제발 신경 끄고 내버려 두라고/신경질을 내기도 한다/엄마든 아빠든 다 귀찮아서/방문도 턱 잠가버린다//넌 안 그러니?"「사춘기인가?」(『난 빨강』, 박성우 지음, 창비)

"야! 너 시를 너무 잘 읽어. 감동인데? 이 시 재밌지?"

"그냥요."

대호는 뭐가 그리 쑥스러운지 성급하게 교육복지실 문을 닫고 나갔다. 대호가 나가자마자 숙제를 하고 있던 아이 하나가 내게 다가왔다.

"선생님, 쟤 어떻게 알아요? 사고치는 걸로 정말 유명한 애예요. 와! 쟤가 시를 읽다니 충격이에요."

대호의 퉁명스러운 목소리와 이 시는 정말 잘 어울렸다. 그날부터 대호는 매일 방과 후에 청소를 하면서 나를 찾아왔다. 와서는 뭐하냐며 내 옆에 잠시 앉아 있다가 시집을 뒤적거렸다. 마침 색연필을 빌리러 온 아이가 있었다. 자연스럽게 『국어시간에 시 읽기 1』을 펼쳐서 시를 읽기 시작했다.

"한 대 맞으면/눈물 나오고/두 대 맞으면/코피 나오고/세 대 맞으면/별이 보이고/네 대 맞으면/눈에 뵈는 게 없다."「마빡맞기」(『국어시간에 시 읽기 1』, 전국국어교사모임 엮음, 휴머니스트)

시를 읽고 있는데 또 한 명이 들어왔다. 내 책상 위에 가위를 들고는 "쌤! 급해요, 급해. 책은 안 주셔도 돼요. 가을 "당신 생각을 켜놓은 채 잠이 들었습니다" 함민복. 됐죠?"

그러고는 다시 뛰어나갔다. 대호가 웃었다.

"저게 시예요?"

웃는 모습이 참 귀여운 아이라는 것을 처음 알았다.

"멋있지? 시가 그런 거 아닐까? 단어 몇 개로 감정을 움직일 수 있는 거."

다음 날 점심시간 대호가 찢어진 교복 바지를 들고 교육복지실에 들어섰다. 친구 바지인데 수선비는 자기가 내겠다고 했다. 그러더니 한참 시집을 뒤적였다. 윤동주란 이름은 들어 본 적 있다며 시집을 들었다.

"눈 위에서/개가/꽃을 그리며/뛰오." 「개」(『정본 윤동주 전집』, 윤동주 지음, 홍장학 엮음, 문학과지성사)

"이 시 맘에 들어요. 어릴 때 마당 있는 집에서 살았는데 겨울에 눈만 오면 우리 집 개가 마당에서 이렇게 놀았어요. 그 개 참 멍청했는데······."

그러고는 다시 시집에서 「무얼 먹구 사나」를 펼쳐 내 앞에 놓는다.

"이 시, 노래도 있는데······ 아세요?"

안다고 대답하며 그 노래를 불렀는데 음이 뭔가 이상했다. 그래서 대호랑 같이 인터넷에서 노래를 찾았다. 「태양을 사랑하는 아이들아」란 제목의 동요를 찾을 수 있었다.

"지금은 이래도 저 어릴 때 귀여웠어요."

"너, 지금도 충분히 귀여워. 그러고 보니 나 초등학교 때 주일학교에서 이 노래 배운 것 같아. 아니, 유치원 땐가? 넌 유치원 때 기억나니? 난 잘 모르겠던데······."

"전 기억나요. 유치원 때······. 그땐 집도 우리 집이었고, 아빠도 괜찮았어요. 그냥 그때는 행복했던 것 같아요."

이렇게 이야기하고는 갑자기 가야 한다며 일어났다. 자기도 이야기하고는 놀란 모양이다. 대호와 내게는 아직 시간이 있다. 대호가 내게 다가올 수 있도록 좀 더 기다려 줄 생각이다. 성급하게 다가가 대호의 아픈 이야기를 듣고 싶은 생각은 없다. 시집을 들춰 보며 행복해하는 아이의 얼굴이 참 좋다. 그때만큼은 학교 친구들에게 무서운 얼굴을 할 필요도, 선생님들에게 반항기 가득한 표정을 지을 필요도 없기 때문이다.

생각보다 재미있는 시집

❉ 『국어시간에 시 읽기 1』 전국국어교사모임 엮음, 휴머니스트

 쌤쌤! 시집!!!

 국어 수행평가?

 역시 센스쟁이 쌤! 고쳐 쓰기 쉬운 시가 있는 시집 주세요!

 그 수행평가를 한 다른 반 아이들이 이 책이 제일 좋대.

● 선생님과 학생들이 같이 만든 청소년을 위한 시 모음집이다. 학생들에게 좋아하는 시를 뽑게 해서 골라 모았기 때문에 어렵거나 지루한 시가 아닌 학생들의 눈높이에 맞는 시다.

❉ 『난 빨강』 박성우 지음, 창비

 이 시 제목이 아주 맘에 드는데요. 「은밀한 면도」, 「몽정」. 아싸!

 소리 내서 읽어 보게?

 제가 변태예요? 잘은 모르지만 이 책 좋은 것 같아요. 애들 얘기가 있어요. 어른들이 보면 좀 놀라려나? 근데 없는 얘기는 아니니까.

● 시인이 직접 청소년을 만나 알게 된 이들의 속 깊은 이야기를 시로 썼다. 십대를 위한 시집으로, 시적 화자가 모두 청소년이라 아이들의 마음을 솔직하게, 공감할 수 있게 잘 그려내고 있다.

❖ **『백석전집』** 백석 지음, 김재용 엮음, 실천문학사

이 바지 수선비는 시 한 편으로 안 되겠는데?
좀 비싼 동화시로 가자! 「준치가시」 읽어 줘.

그러나 준치는/염치 있는고기,/더 준다는 가시를/
마다고 하고,/붙잡는 고기들을/뿌리치며/온 길을 되돌아/
달아났네.

이 연이 제일 재미있는데요? 고쌤은 고쌤은 염치 있는 쌤.
학생이 시를 읽어 주니 감동했네. 그래서 매점으로 달려가
아이스크림 하나를 사 주었다네. 어때요? 멋지죠?

학생은 학생은 염치없는 학생.
도저히 복구가 안 되는 교복을 자꾸만 자꾸만 들고 오네.

● 백석의 시 124편, 동화시 12편, 기타 산문 외 25편 등 총 161편의 작품을 수록했다. 시인 백석이 아동문학은 산문보다 시가 더 어울린다고 주장하며 개척한 장르가 동화시다. 「개구리네 한솥 밥」, 「집게네 네 형제」, 「준치가시」 등이 이에 해당한다. 「준치가시」는 그림책 『준치 가시』(백석 지음, 김세현 그림, 창비)로 출간되었다.

❖ **『내일도 담임은 울 뺄이다』** 류연우 외 지음, 김상희 외 엮음, 휴머니스트

이 책은 북공고 애들이 국어시간에 쓴 시를 모은 거래. 첫 장에
「노스 패딩」 좀 읽어 봐. 네가 지금 입고 있는 패딩 이야기가 나오니까.

오, 맞아요. 담배빵당하면 터져요. 근데 시에 간지템 같은 단어 써도 돼요?

시적 허용이랄까?

● 서울의 한 공업고등학교 학생들 80명이 쓴 시를 모아 엮은 시집이다. 학교에서의 일, 학교 밖에서의 경험, 집에서 겪은 일 등 자신이 겪은 모든 것이 시가 된다는 것을 배운 학생들의 진솔한 생각과 삶이 담겨 있다.

책을 선물하며
마음을 연 아이

새로 만나게 된 지연이

　우려했던 사건이 일어났다. 교실에서 돈이 없어질 때마다 교육복지실에서 그런 일이 생기면 어떻게 할지 고민이 되긴 했다. 그러면서 한편으론 이제까지 한 번도 그런 적이 없었기에 약간 방심하기도 했다.
　사건(?)은 방학 동안 진행된 요리 교실에서 발생했다. 방학이 되면 끼니를 챙겨 먹지 못하는 아이들을 위해 지역아동센터와 인근 중학교 선생님이 요리 교실을 준비해 진행하는데, 진행 중에는 여러 가지 재료 준비로 교육복지실 문을 열어 놓는다. 그러던 어느 날 교육복지실에 놓아뒀던 선생님의 지갑에서 12,000원이 없어진 것이다. 요리 교실은 다른 학교 학생들도 함께 참여했는데 교육복지실에 들어온 학생은 우리학교 학생뿐이었다. 그리고 돈을 잃어버린 선생님이 내게 정확하게 지연이를 지적했다. 요리 교실 진행 중에 자신과 눈을 계속 마주치지 못했고, 교육복지실에서 지연이를 보았다는 것이다. 그러고는 이 사건을 꼭 처리해 달라고 했다. 선생님 가방에 손을 댔는데 그냥 넘어가면 안 된다고 말이다. 게다가 그 돈이 없어서 수업을 마치고 돌아가는 길에 톨게이트에서 무척 고생했다는 이야기도 덧붙였다. 처음에 그 이야기를 듣고 물증이 없고 심증만 있는 상황에서 지연이를 불러 다그치는 것은 좋은 방법이 아니라는 생각이 들었다. 그래서 고민하다가 회의를 하기로 했다.

그날 교육복지실에 왔던 학생을 다 불렀다. 지연이는 자주 교육복지실을 이용하는 학생이 아니었고 친구를 따라온 것뿐이었다. 워낙 얌전하고 의사 표현을 하지 않아서 나는 지연이에 대해 아는 것이 없었다. 지연이를 비롯한 아이들이 어떻게 생각하는지 듣고 싶어 아이들끼리 이 사건에 대해 회의하도록 유도했다.

학생1 교육복지실에서 돈이 없어졌어. 그것도 다른 학교 선생님 돈이라는데 어쩌지?

학생2 교실에서도 돈이 자주 없어지잖아. 그때마다 별수 있었어? 그냥 돈을 잘 간수하지 못한 사람 책임으로 돌려 버리고 끝냈잖아.

학생3 나도 돈 잃어버린 일을 제대로 해결한 걸 한 번도 못 봤어. 그 쌤이 잘못한 거지. 왜 여기다 가방을 놔두고 가. 아무도 없는 거 그 쌤도 알았잖아.

학생1 그럼 회의 결과 쌤이 잘못한 걸로 결론 났다고 전해? 그건 아니잖아. 그것도 다른 학교 쌤인데.

학생4 그렇기도 하다. 그럼 우리 2,000원씩 걷어서 드리는 건 어떨까?

학생1 돈을 내는 건 어렵지 않지만 돈이 없어질 때마다 나눠서 낼 수는 없어. 개학하면 교육복지실을 이용하는 학생들이 하루에 50명에서 100명 정도 될 것 같은데 그때마다 그러면 어떻게 해?

학생3 나도 반대야. 2,000원도 없을 뿐더러 언제까지나 그런 식으로 일을 해결할 순 없어.

학생2 그럼 더 좋은 방법이 있을까? 돈으로 드리는 거 말고 뭔가 피해 보상을 해 줄 수 있었으면 좋겠어.

학생1 선물을 드리는 건 어때? 뭐가 좋을까?

학생2 그럼 책은 어때? 그 선생님이 있는 학교는 남학교니까 재미있고 유익한 책으로 보내자. 무슨 책을 보내지? 참, 고쌤 괜찮아요? (고개를 힘차게 끄덕여 주었다.)

학생4 뭔가 반성의 표시를 해야 하니 이왕이면 예쁘게 포장하고 앞에 글도 써서 보내자. 예쁜 포장지 찾아볼게.

갑자기 아이들이 일어났다. 그리고 몇 명은 책꽂이에서 책을 골랐고, 몇 명은 종이 상자에서 예쁜 포장지를 골랐으며, 또 몇 명은 이면지에 예쁜 글씨로 사과의 말을 쓰기도 했다. 예전에 자원봉사를 할 때 만든 책갈피도 함께 넣었다.

나는 이 회의를 열기 전까지 대안이 없다고 생각했다. 돈을 잃어버린 선생님이 연락을 계속 하지 않았다면 그냥 넘겼을지도 모를 일이다. 참 좋은 방법이라고 생각하고 있을 때, 책을 고르고 있던 한 아이가 "그 선생님께서 책으로는 안 받는다고 하시면 어쩌죠?" 하고 말했다. 아이들은 이제 좀 더 적극적으로 자신의 의견을 이야기했다. 다시 아이들이 열띤 의논을 했고 먼저 피해 선생님이 받아들이는 것이 중요하다는 결론을 내렸다. 내게 임무가 주어졌고 그 선생님과 통화해 허락을 얻었다.

그러는 동안 지연이는 조용히 책상에 앉아 포장지만 만지작거리고 있었다. 나와는 눈을 전혀 마주치지 않았고 아이들의 웅성거림에도 그저 배경처럼 가만히 앉아 있었다. 아이들은 분주하게 글을 쓰고, 포장을 마치고는 교육복지실을 빠져나갔다. 그때 지연이가 조용하게 내 옆으로 다가왔다.

"선생님, 여기 이 포장지에…… 리본을 달면 예쁠 것 같아요. 혹시 리본 있나요?"

나는 빨리 일어나 리본을 찾아 주었다. 지연이는 다시 자리에 앉아 긴 고민 끝에 리본 장식을 시작했다. 그러고는 수줍게 나에게 들고 왔다.

아직도 누가 돈을 가져간 것인지 모른다. 하지만 내게 친구가 한 명 생겼다. 그 일 이후 지은이는 매일 나에게 찾아왔고, 처음에는 거의 들리지 않았던 목소리를 들을 수 있게 되었다. 아이들이 여기저기 어질러 놓은 책을 정리하기도 하고, 조용히 쓰레기를 치우기도 한다. 교육복지실을 이용하는 아이들은 이제 무슨 일이든 의논을 잘하고, 교육복지실을 찾아오시는 손님들에게 지갑 조심을 시키기도 한다. 돈을 잃어버린 선생님에게는 정말 미안하지만 우리 아이들에게는 이번 일이 좋은 공부가 된 것 같다.

남학교에 놓아두어도 좋을 만큼 재미있는 책

❋ 『울기엔 좀 애매한』 최규석 지음, 사계절출판사

 이 책은 어때? 고등학교 시절 가난하지만 만화가의 꿈을 이루기 위해 노력하는, 뭐 그런 이야기야.

 남학생 중에 만화가가 되고 싶은 아이들이 많으니 좋을 것 같아.

● 현실과 맞닿은 이야기를 쓰는 만화가 최규석이 그린 대한민국 청소년들의 삶. 가난한 주인공들은 만화가가 되기 위해 미술 학원에 다닌다. 울기엔 좀 애매하고 그렇다고 씩씩하게 견디기에도 힘든 삶을 그렸다.

❋ 『신과 함께』 주호민 지음, 애니북스

 이건 원래 웹툰인데 나쁜 짓하면 벌 받는다는 확실한 권선징악이야.

 나는 저승과 관련된 신화를 알 수 있어서 좋더라.

 그거 3부작이야. 저승 편, 이승 편, 신화 편! 이승 편은 정말 슬프고, 완성도는 저승 편이 제일 높은 것 같아.

● 평범하게 살던 회사원이 갑자기 죽어 저승세계에서 진기한이라는 변호사를 만나 49일 동안 일곱 번의 재판을 거치는 과정을 그린다. 무섭고도 신기한 저승의 묘사나 재판 과정에서의 재치가 큰 재미를 주며 '착하게 살아야 한다'는 메시지를 감동적으로 전한다.

❖ 『스쿨홀릭』 신의철 지음, 한즈미디어

 저자가 미술 선생님이라서 그런지 정말 실제 이야기 같아. 선생님이 그렸는데 교훈적인 내용만 있는 것도 아니고.

 나도 찬성. 웹툰 나오는 날 기다렸다 본 기억이 나. 지금은 아예 선생님 그만두고 웹툰만 그리던걸. 그런데 난 『스쿨홀릭』 1권이 제일 재미있었어.

● 중학교 선생님이 학교의 일상을 톡톡 튀게 그려낸 만화. 방학을 기다리고 개학을 아쉬워하거나 학생들의 반응 없는 수업에 애를 먹는 보통 선생님의 모습을 솔직하게 그려 재미를 준다.

❖ 『나의 라임오렌지나무』 이희재 지음, 청년사

 이 책 좋은 것 같아. 감동적이고, 교훈도 있고, 게다가 명작이고. 읽어 본 아이들도 만화로 읽으면 또 다른 느낌을 받을 수 있을 것 같은데?

 맞아. 이희재 만화 어려서부터 좋아했어. 남학교에는 이런 따뜻한 이야기가 필요해.

● J.M. 바스콘셀로스의 원작을 만화가 이희재가 새롭게 그린 만화이다. 장난꾸러기 악동이지만 마음씨 착한 제제와 다정한 뽀르뚜가 아저씨의 아름다운 우정, 제제의 상상과 힘든 현실 속 이야기들을 감동적으로 그린다.

그림책으로
이야기를 시작한 아이

솔직한 감정을 알게 된 정훈이

"에이~ 나이가 몇 개인데 그림책을 읽고 그러세요?"

내가 선아와 『폭풍우가 지난 후』(닉 버터워스 지음, 강인 옮김, 사계절출판사)라는 그림책 마지막 장을 펼쳐 보며 어디에 살고 싶은지 이야기하고 있는데 정훈이가 한심하다는 듯이 한마디 던지고 지나갔다. 선아가 정훈이 얼굴 앞으로 그림책을 펼쳐 보이며 퍼시 아저씨와 동물들이 얼마나 귀여운지를 이야기했다. 그런데 정훈이는 징그러운 것이라도 본 듯이 인상을 쓰며 가 버렸다. 정훈이는 항상 인상을 쓰고 다니는데 오늘은 기분이 좀 좋은지 먼저 말을 건 것이다. 다른 아이들 말로는 그냥 있는 척하느라고 그런다는데 나는 그런 정훈이가 귀여웠다.

학교에서 아이들이 모이면 독서 프로그램을 진행하는데 그날은 그림책을 가지고 수업했다.

수업을 시작하고 정훈이 표현대로라면 '고등학생이나 된 아이들'에게 그림책 『고 녀석 맛있겠다』(미야니시 타츠야 지음, 백승인 옮김, 달리)를 읽어 주었다. 여자아이 몇 명은 눈물이 날 뻔했다며 좋은 책이라고 박수까지 쳤고, 한 남자아이는 애니메이션으로 봤다며 책과 어떻게 다른지 이야기해 주었다. 정훈이는 다시 불쾌한 표정이 되었다. 나와 눈이 마주치자 수업 시간에 왜 그림책을 보는 건지 모르겠다고 했다. 나는 그림책을 보는 것이 재미없는지, 불편한지 물었다. 그러자 정훈이는 고개를 흔들었다. 정훈이를 제외한 아이들은 그림책이 무척 재미있다고 했다. 그리고 선아는 "그림책은 그림으로 쓴 시 같다."고 했다.

"하긴 정훈이랑 그림책은 안 어울려요. 정훈이가 그림책을 읽는다는 생각만 해도……. 하하."

정훈이 옆에 앉은 민식이가 웃었다. 정훈이는 다시 표정이 굳어지며 "난 그림책 별로예요."라며 수업이나 하자고 했다.

수업의 주제는 '위인과 인물의 차이'였다. 우선 아이들에게 알고 있는 위인을 물어보았다. 정훈이가 "칭기즈칸!"이라고 했다. 칭기즈칸이 위인인 이유를 물어보니 '가장 위대한 정복자'이기 때문이며 "남자는 힘!"이라며 주먹을 불끈 쥐어 보였다. 여학생들이 또 남자 운운한다며 야유를 보냈지만 정훈이는 오히려 그런 것을 즐기는 표정이었다. 평소에도 여자, 남자를 이야기하며 여자아이들을 무시한다고 했다. 남자아이들에게도 번쩍 들어 올리거나 헤드록을 거는 장난을 자주 쳐서 왜소한 남자아이들은 정훈이를 싫어했다.

아이들에게 칭기즈칸이 위인이 맞는지 물었다. 누군가 집에 있는 위인전집에 칭기즈칸이 있으니 위인이라고 이야기했다. 그럼 '히틀러'는 위인인지를 물었다. 아이들은 빠르게 아니라고 했다. 광개토대왕도 물어보았더니 혼란스러워했다.

그러자 정훈이가 "역사는 이긴 사람만 기억하는 거잖아요."라며 박정희대통령도 위인이 아니고 싫다고 하는 이야기를 많이 들었는데, 할머니 동네에 박정희대통령 기념 도서관이 있는 것을 보면 강한 거 아니냐고 했다. 약하면 결국 다들 무시해서 나쁘다고 말한다며 정훈이는 점점 목소리를 높였다가 결국 "어른들은 다 짜증 나."라고 말했다.

다시 위인과 인물의 차이에 대한 이야기를 이어갔다. 쉬는 시간에 정훈이에게 기분이 좀 어떤지 말을 걸어 보았다.

"엄마가요……."

정훈이와 어울리지 않는 시작이었다. 아니, 무척 잘 어울리는 시작이었다. 덩치만 커다란 귀여운 아이가 속상해서 고개를 숙이고 있는 모습이 보였다.

정훈이는 전날 친구네 집에 갔다가 그 집에서 잘 수 있는 기회가 생겼다. 친구 부모님이 모두 철야 기도를 가신다고 했기 때문이다. 그래서 엄마한테 전화해서 허락을 받으려고 했지만, 엄마는 어른이 되기 전에 외박은 안 된다며 화를 내셨다. 지금 생각해도 화가 난다. 정말 진지하게 가출을 할까 고민 중이다. 엄마랑 아빠랑 자주 하는 이야기가 "안 된다면 안 돼."이다. 도대체 언제 어른이 되는 건지 시간이 너무 가지 않는 것 같기도 하다. 어른이 되어 돈을 버는 것이 쉽지 않다는 것은 알지만 그래도 어른이 되면 당당해질 수 있을 것 같고, 돈 버는 것이 지금 집에서 구박당하고 있는 것보다는 나을 것 같다. 그리고 자신이랑 어른이랑 뭐가 다른지도 잘 모르겠다.

그러다 갑자기 『고 녀석 맛있겠다』를 보니 자신도 어렸을 때 아빠처럼 되고 싶다고 말했던 기억이 났다. 하지만 이제는 그 생각을 하면 뭔가 속이 움찔움찔하면서 불편하다. 학교에서 자신의 감정에 대해 이야기 나누는 시간이 많은데 그때 받은 느낌이랑 비슷했다. 평소에도 이런 느낌이 싫었다. 그래서 수업 시간에 이런 감정에 대해 말해야 할 때는 인상을 쓰고 앉아 말하지 않고, 쓰라는 것도 쓰지 않았다. 그런데 그림책은 좀 다른 느낌이다. 이상하지만 그렇게 나쁜 느낌은 아니었다. 엄마, 아빠와 이야기할 때는 항상 혼나거나 화를 냈던 것 같다. '또 못하게 하려는 거겠지.' 이런 생각이 먼저 들었다. 그래서 엄마가 그 다음 이야기를 하기도 전에 더 화내고 짜증 냈다. 이제 엄마한테는 지고 싶지 않았던 것 같다. 그러다 보니 예전에는 한소리 듣기만 하면 끝났을 일인데 정훈이가 말대꾸(엄마 입장에서는 말대꾸, 정훈이 입장에서는 의견을 이야기하는 것)를 해서 이야기가 길어지고 격해지며 서로 감정이 쌓이게 되었다.

　나는 정훈이에게 조심스럽게 이 책의 주인공 티라노사우루스가 엄마와 아빠랑 닮은 것 같지 않은지를 물었다. 걱정했다는 말은 하지 않고 화를 내며 소리를 친 것처럼 말이다. 정훈이가 고개를 끄덕였다. 특히 아빠가 소리치고 화를 낼 때 자신을 걱정할 거라는 생각은 한 번도 해 본 적이 없었고, 그저 빨리 집을 나가야지 하는 생각뿐이었다고 했다.

　쉬는 시간이 끝나고 다시 수업을 시작했을 때 『이상한 녀석이 나타났다!』(로드리고 폴게이라 지음, 폴리 베르나테네 그림, 서연 옮김, 아이맘)라는 그림책을 읽어 주었다. 아이들은 개구리와 분홍 돼지의 표정이 귀엽다며 그림책에 집중했다. 정훈이도 경계(?)를 풀고 재미있게 들었다. 이 책의 이야기는 분홍 돼지가 개구리 연못에 와서 "개굴"이라고 말하는데 개구리들은 돼지가 왜 "개굴" 하고 우는지 모른다. 결국 여러 가지 추측이 난무하고, 현명한 딱정벌레를 데리고 오는데 그동안 분홍 돼지는 가 버리고 없다. 딱정벌레는 분홍 돼지가 친구를 사귀고 싶어서 온 것일 수 있다고 이야기한다. 개구리들은 한 번도 그런 생각을 해 본 적이 없다며 분홍 돼지를 찾아 나선다. 나무 위 새들 곁에 있는 분홍 돼지를 찾아낸 개구리들은 그 곁으로 가서 "쩍쩍쩍"이라고 하며 이야기가 끝난다. 아이들이 웃었다. 그리고 머리를 끄덕였다. 그동안 너무 쉽게 사람들에게 "왜 저래?"라고 말하며 화내고, 속상해하며, 무시하기도 했다고 반성도 했다. 아이들은 그림책이 철학적이라고 했다. 나는 그래서 그림책을 보는 것이라고 이야기했다. 세상을 좀 더 행복하게 만들기 위해 문학과 예술이 있다고 했다.

   그 시간 뒤에도 "여자가……."라고 정훈이가 이야기하자 여자아이들이 "개구리 같은 놈"이라고 했다. 그러자 정훈이는 "개굴" 하면서 분홍 돼지 흉내를 냈다. 정훈이도 웃고 아이들도 웃었다. 아이들과 이야기를 공유한다는 것은 참 즐거운 일이다.

강한 주인공이 나오는 그림책

❋ 『괴물들이 사는 나라』 모리스 샌닥 지음, 강무홍 옮김, 시공주니어

 아이들에게 용기를 줄 수 있을 것 같아요.
물론 끝이 좀 허무하긴 하지만 그림책이니까 봐주죠.

 나도 이거 해 봤으면 좋겠다. "조용히 해!" 이 한마디로
다 이기는 거 말이야. 이런 게 가능할까?

 그러게요. 괴물도 다 이기는 카리스마네요.
이 녀석 짱 먹어야겠어요. 그런데 이 아이의 상상 속 세계라서
그런 거 아닐까요? 어렸을 때는 다 자기가 제일 센 줄 아니까.

● 맥스는 못된 장난을 치다가 저녁도 못 먹고 방에 갇힌다. 그런데 갑자기 방이 바다로 변하더니 배를 타고 괴물들이 사는 나라에 가게 된다. 맥스는 괴물 나라의 왕이 되어 즐겁게 지낸다. 그러다가 집으로 돌아가고 싶어진 맥스는 다시 배를 타고 자신의 방으로 돌아온다.

❋ 『세상에서 제일 힘센 수탉』 이호백 지음, 이억배 그림, 재미마주

 이 그림책은 우화 형식이니까 사람으로 말해 보자.
남자 중에 가장 힘센 사람을 어떻게 알 수 있지?

 여기서 힘은 뭔가 다른 게 있는 거겠죠?
음…… 정력? 애를 많이 낳아야 하나?

 우아! 이 책에 그런 이야기가 있어.

 이 책 그림책 맞아요? 야한데?

 에그, 그건 아니고. 뭐든지 잘하던 수탉 이야기야.

● 잘나가던 수탉이 나이가 들어 힘이 없어지자 우울해하고 있는데 아내는 튼튼하게 잘 자란 아들딸, 손자, 손녀 들을 보며 여전히 그가 제일 힘센 수탉이라고 말한다.

강한 주인공이 나오는 그림책

❋ **『엄마 까투리』** 권정생 지음, 김세현 그림, 낮은산

 세상에서 가장 강한 것은 뭘까?

 모성 아닐까요? 엄마가 아기를 구하려고 트럭도 들었다는 이야기를 며칠 전에 인터넷에서 봤어요.

 그러게. 어느 책에서 "신이 모든 사람을 돌봐 줄 수가 없어서 어머니를 보냈습니다."라는 글을 본 적이 있어. 그림책 중에도 그런 이야기가 있어.

 그림책은 뭐 없는 게 없나 봐요. 말하면 다 나와요.

 그럼그럼, 좋은 그림책일수록 더 그렇지. 딱 하나의 주제만 이야기하거나, 하나의 사건만을 다루진 않으니까 말이야.

 근데 이 그림책 실화예요? 과학적으로 말이 되나? 이거 여자애들이 보면 울겠네요.

• 산에 불이 났는데 엄마 까투리는 날지 못하는 새끼들을 버리고 도망갈 수가 없다. 그래서 새끼들을 품은 채 타 죽었다. 산불이 지나간 다음 죽은 엄마 까투리 품에서 새끼들이 나온다. 새끼들은 타서 무너져 내린 엄마 까투리 품을 떠나지 않고 성장해 간다.

2장

알맞은 책을  권하는 방법

학교에 있다 보면 내게, 혹은 내가 가지고 있는 책에 관심을 갖는 아이들이 눈에 띈다. 그 아이들은 거의 모두가 비슷한 행동을 보이는데, 내 주변을 맴돌며 뭔가 말을 하고 싶은 눈치를 내비치는 것이다. 너무 성급하게 다가가면 도망간다는 것을 잘 알기에 아이들이 내게 올 수 있도록 여러 가지 장치를 해 둔다. 일부러 물건을 흘린 후 주워 달라고 부탁하기도 하고, 그 아이의 친구와 먼저 친해지기도 한다. 그 아이가 자주 앉는 곳에 주고 싶은 책을 펼쳐 놓기도 한다.

아이들의 상처는 어제오늘 생긴 것이 아닌 경우가 많다. 그래서 그 상처가 치료되기까지는 상처가 생긴 만큼의 시간이 걸리는 경우가 많다. 그러니 아이들은 물론, 아이들의 상처에 다가가는 데 서두르면 안 된다. 물론 급히 해결해야 할 예외의 경우도 있긴 하지만.

아이들에게 보여 줄 책을 고를 때, 가장 중요한 것은 우선 내가 재미있어야 한다는 것이다. 상황별 도서 목록이 중요한 것이 아니라 내가 권할 수 있는, 내가 좋아하는 책이 중요하다. 사람은 믿을 만한 사람을 통해 만날 때 더 쉽고 빨리 가까워질 수 있다. 나는 책도 마찬가지라고 생각한다. 내가 먼저 아이와 이야기를 시작하고 가까워졌다면 내가 권하는 책도 그 아이가 보기엔 나의 일부분일 수 있다.

나는 아이들을 만날 때 늘 유쾌하기 때문에 함께 웃을 수 있는 책으로 만나는 게 편하고 자연스럽다. 그래서 내가 가지고 있는 책들은 감동적이라기보다는 시비 걸기

좋은 내용이 많다.

　반면, 이런 일도 있었다. 눈물이 많아 아이들에게 눈물 선생님으로 통하는 상담 선생님의 이야기다. 그 선생님은 내가 아이들과 책 읽는 모습이 좋아 보인다며 내게 책을 빌려 갔다. 하지만 며칠 후 실패했다고 자신은 능력이 안 되나 보다며 시무룩해서 다시 찾아왔다. 그래서 이번에는 슬픈 내용의 책을 빌려 드렸다. 결과는 대성공이었다. 평소처럼 아이들과 한바탕 울고 슬픈 책 속에서 함께 희망을 찾을 수 있었던 것이다.

　사람을 만나면서 맞는 사람이 있듯이 책에도 저마다 어울리는 사람이 있다. 그중 누구하고나 잘 지내는 사람이 있는 것처럼 누구에게나 감동으로 다가오는 책이 있기는 하다. 그것은 우리가 말하는 명작에 속한다. 사람들 모두에게 감동을 주는 명작은 흔치 않지만 아이들에게 어울리고, 나에게 어울릴 만한 책을 찾는 것은 의외로 쉽다. 우선 내가 재미있고 즐거운 책을 모아 보자. 훗날 아이들이 내 주위를 맴돌며 천천히 다가올 때 유용한 다리가 되어 줄 것이다.

수업 시간에
매일 자는 아이

추리소설을 좋아하는 운동부 수종이

"수업 시간에 얼굴을 본 적이 없는 수종이라는 아이가 있어요. 운동부 아이인데, 하루 종일 엎드려 자거든요. 그래도 자는 것보다는 책이라도 읽고 있으면 좋을 것 같아요. 혹시 수업 시간에 읽을 만한 재미있는 책 없을까요?"

수종이 담임선생님이 교육복지실에 찾아와 묻는다. 운동부 학생에게 책을 읽히려고 하다니……. 가능할까? 게다가 내가 아이를 모르는 상황에서 권해 주는 책을 아이가 재미있게 읽을 수 있을까? 운동부 학생들 대부분이 그렇듯이 수종이 역시 운동만 하고 공부는 전혀 하지 않으며, 아이들하고도 거의 이야기하지 않고, 선생님들이 묻는 말에만 짧게 대답하는 아이다. 책을 권하기 위해서는 다른 정보가 더 필요했다.

"혹시 수종이가 책 읽는 것을 본 적이 있나요?"

"네, 지난번 아침 독서 시간에 좀 두꺼운 『셜록 홈즈』(아서 코난 도일 지음)를 읽는 것을 보았어요. 읽는 게 신기해서 재미있느냐고 물었더니 고개만 끄덕이더라고요. 그 후엔 추리소설 읽는 걸 몇 번 봤어요."

다행이다. 그렇다면 이야기가 좀 달라진다. 책을 권해 줄 생각을 한 담임 선생님이 고마워서 바로 책 한 권을 꺼냈다.

"『셜록 홈즈』를 읽는다면 아마 재미있게 볼 수 있을 거예요. 제가 초등학교 때 코난 도일, 중학교 때 애거서 크리스티 책을 다 읽었거든요. 고등학교 때 시드니 셀던과 김성종 책을 몇 권 읽다가 야하고 끔찍해서 추리소설은 끊었어요. 하하. 아무튼 『그리고 아무도 없었다』 이 책은 제가 생각하기에 최고의 추리소설이에요. 완전 범죄 이야기거든요. 멋지죠? 이야기는 어느 외딴 섬에 열 명의 사람들이 초대되는 것으로 시작해요. 그런데 섬 밖으로 나갈 수 없게 된 거예요. 철저하게 갇혀 버린 것이지요. 신기한 것은 그 사람들의 숙소에 열 개의 인디언 인형이 있는데 그 인형이 하나씩 없어질 때마다 사람도 하나씩 죽는 거예요. 알고 보니 열 명 모두 죄를 지었지만 법의 심판을 피해 간 사람들이었어요. 결국 모두 죽어요. 마지막에 죽은 사람이 범인은 아니에요. 제일 큰 죄를 저지른 사람이지요. 언제 죽을지 모를 공포를 가장 오래 느끼다가 죽은 사람이니까요. 다행히 마지막에 누가 이 사람들을 죽였는지 에필로그가 나와요. 완전범죄의 에필로그……."

담임선생님은 내 이야기를 열심히 듣더니 바로 책을 빌려 갔다. 그리고 교실로 가서 자다 지쳐(?) 일어난 수종이에게 전해 주었다고 했다. 내가 한 이야기도 곁들여 주었더니 수종이가 수업 시간 내내 책에 푹 빠져 읽는 것을 보았다고 했다.

"저 이렇게 수종이 목소리를 많이 들어 본 적이 없어요. 수종이가 "저, 이 책 운동부 숙소 가서 읽고 내일 드리면 안 될까요?"라고 했어요. 수종이가 먼저 말을 건넨 건 처음이에요."

담임선생님은 한껏 들떠 있었다. 그러면서 다음 책을 권해 달라고 했다. 두 번째로 고른 책은 『호기심』이었다.

"잘나가는 청소년 작가들이 쓴 단편 모음집이에요. 이성에 관한 이야기라 분명 흥미로워할 거예요. 단편이니 읽는 데 부담도 없을 거고요. 재미있으니 먼저 선생님이 몇 편 읽어 보세요."

며칠 뒤 담임선생님이 상기된 얼굴로 찾아왔다. 수종이가 운동부 아이들과 돌아가며 읽는다고 책을 며칠 더 빌려 달라고 했다는 것이다. 예상 외의 성과였다. 운동부 아이들이 책을 돌아가며 읽다니…….

담임선생님은 내가 책을 빌려 준 날 퇴근길에 책을 읽었고, 수종이에게 책을 권할 때 "선생님이 먼저 읽어 봤는데 뒤로 갈수록 재미있는 것 같아."라는 이야기를 덧붙여 주었다고 했다. 얼마 지나지 않아 수종이는 다른 시간에는 모르겠지만 담임선생님 수업 시간에는 잠을 자지 않았다. 그리고 처음에는 책을 읽었지만 지금은 수업을 듣는다고 했다.

이제 수종이 담임선생님은 일주일에 한 번은 꼭 교육복지실에 들러 책을 빌려 간다. 수종이에게 빌려 주기 전에 꼭 먼저 읽어 보고 책을 권할 때 본인의 감상을 함께 전하고 있다고 했다. 그래서 욕심을 좀 내보았다.

"수종이가 책 읽은 다음에 그 책 이야기는 하세요?"

"어땠는지 정도만 이야기하는 걸요. 그럼 대답은 항상 "재미있어요."예요. 쑥스러워하는 것 같아서 말을 많이 못 붙이겠어요. 아이가 그러니 저도 불편하고요. 책 읽는 것만 해도 다행이라고 생각하고 있는데……."

수종이에게 직접 말 붙이기가 쑥스러우면 수업 시간에 자연스럽게 책

이야기를 하라고 했다. "선생님이 며칠 전에 책을 읽었는데 말이지……." 하면서 책에 대한 느낌보다는 그 책 속에 나온 사건이나 등장인물을 이용하여 수업 자료로 제시할 것을 권했다. 다행히 담임선생님의 과목이 한문이라 사자성어를 설명하는 데 예시 자료로 쓰기 좋았다. 반응은 기대 이상이었다. 수업 시간에 책 이야기를 하자 갑자기 수종이가 고개를 들었고, 이야기가 길어지자 수종이의 얼굴은 빨개졌다고 했다. 반 아이들도 그 책에 관심을 보였고, 도서실에 있다고 안내까지 해 주었단다. 쉽게 말을 하기 어려워하는 아이들이 있으면 나는 줄거리 말고 다른 것부터 가볍게 이야기를 나누는 것을 추천한다. 이런 대화는 재미있을 뿐 아니라 쌓이면 더 깊은 이야기까지 할 수 있게 도와준다.

다음 책으로는 남자아이들의 이야기인 『4teen』을 골랐다. 『호기심』은 여학생의 감성을 많이 느낄 수 있는 반면 이 책은 남학생들의 이야기가 주로 나와서 더 재미있게 읽을 수 있을 것 같았기 때문이다. 이 책 역시 담임선생님이 먼저 읽었다. 그리고 수종이에게 『호기심』을 읽었다면 다음엔 『4teen』을 읽어 줘야 한다며 책을 권해 주었다고 했다. 수종이는 참 좋은 담임선생님을 만나서 다행이라는 생각이 들었다.

담임선생님은 수종이가 하루에 한 번 이상 문자를 준다고 했다. 처음에는 단답형이던 문자가 점점 길어지고 있다며 이야기를 꺼냈다.

"전혀 몰랐는데 요즘 문자를 보면 수종이는 감수성이 풍부한 아이 같아요. 이런 아이가 거친 운동을 하니 힘들기도 할 것 같아요. 그리고 이제 제가 주는 책은 뭐든지 읽어요."

내가 보기에는 수종이만큼이나 선생님도 행복해 보였다. 신경을 써 주는 만큼 바뀌는 아이를 만나게 되는 것은 정말 행운이다.

> 책의 줄거리 말고 다른 이야기하기

❄ 『그리고 아무도 없었다』 애거서 크리스티 지음, 이가형 옮김, 해문출판사
 VS 『애거서 크리스티 전집 2 그리고 아무도 없었다』
   애거서 크리스티 지음, 김남주 옮김, 황금가지

 저도 이 책 읽었어요. 저는 '애거서 크리스티 전집'에서 읽었는데요.

 그래? 나는 중학교 때 읽었는데 제목이 그냥 『그리고 아무도 없었다』였어. 그러고 보니 번역자가 다르네. 한번 비교해 보자.

1등 열차 흡연실에 몸을 실은 전직 판사 워그레이브는 시가를 피우면서 타임지의 정치면 기사를 흥미롭게 읽어 내려갔다. 잠시 뒤, 그는 신문을 내려놓고 시선을 창 밖으로 향했다. 지금 열차는 서머싯을 달리고 있었다. 그는 손목시계를 보았다. 목적지에 도착하려면 아직 두 시간 정도 남았다. 이가형 번역

최근 판사직에서 물러난 워그레이브 판사는 흡연자용 일등칸 구석에 앉아 담배를 피우며 흥미로운 눈길로 《타임》의 정치면을 훑어보고 있었다.
그는 신문을 내려놓고 창밖으로 눈길을 던졌다. 기차는 서머셋을 지나고 있었다. 그는 손목 시계를 보았다. 앞으로 두 시간을 더 가야 했다. 김남주 번역

 번역이 너무 다른걸요. 어떻게 이렇게 다를 수 있죠? 한 번도 책을 보면서 번역자를 본 적이 없었는데.

 어떻게 다른 것 같은데?

 전 두 번째 번역이 더 좋아요. 인물이 더 잘 사는 것 같아요. 문장도 짧아서 긴장감 있게 잘 읽히고요.
그런데 이런 이야기를 하고 있으니 제가 고급스러워진 느낌이에요.

● 인디언 섬으로 초청된 여덟 명의 손님과 하인 부부. 이렇게 열 명이 열 개의 꼬마 인디언 인형 노래에 맞추어 한 명씩 죽음을 맞이한다는 추리소설이다.

❖ 『**4teen**』 이시다 이라 지음, 양억관 옮김, 작가정신
 2004년 초판 VS 2011년 개정판

 어! 표지 바뀌었다. 내가 가지고 있는 책은 하얀색인데!

 어? 쌤 책이 더 좋아 보이는데요?

 그러게, 새로 바뀐 책은 너무 청소년용 같은데?

 음, 근데 2004년도에 나온 책이었다면
어른들 책인 줄 알고 안 읽었을 수도 있었겠네요.

 그런가? 난 이 책 좋아해서 하드커버로 가지고
있길 잘한 것 같아. 소프트커버는 잘 찢어져.

 싸게 보라고 소프트커버로 만든 건 아닐까요?

 뒤에 정가 비교해 보니 가격이 500원 차이밖에 안 나는데?

 선생님, 그냥 읽어요. 사람이 그렇게 꼬이면 못써요.

● 조로증에 걸린 나오토, 공부를 잘하는 준, 키도 크고 몸무게도 많이 나가는 다이, 모든면에서 보통인 데쓰로. 중학교 2학년 남자아이들의 이야기를 담은 성장소설이다.

연애에
관심 있는 아이

항상 아픈 연애를 선택하는 시내

새벽 1시 휴대전화 문자가 도착했다.

쌤, 저 좋아하는 사람이 생겼어요!

휴, 또 시작이다. 그놈의 연애 지겹지도 않나? 끝낸 지 얼마나 되었다고……..

이번에 만난 오빠는 이제까지 만난 사람들이랑 달라요. 선생님도 아는 사람이에요.

순간 떠오르는 얼굴이 있었다. 그래서 "○○이지?"라는 답장을 보냈다. 시내는 내가 맞힌 것이 너무 신기해서 소름까지 돋았다며 호들갑이다.

시내도 내가 좋아하는 아이고, ○○도 내가 좋아하는 아이다. 그런데 둘이 사귄다는 것은 여간 불안한 일이 아니다. 가장 가까운 사람들에게 받는 상처에 익숙한 아이들이다. 이런 아이들이 하는 사랑은 자신들에게 익숙한 방법으로 진행될 가능성이 크다. 그러나 시내에게 티를 낼 수는 없는 일이다.

빨리 잠을 자야 하는데 시내의 문자는 끝이 없다.

사실 친구들도 다 말려요. 그런데 오빠가 착한 건 선생님이 더 잘 아시잖아요. 저한테도 얼마나 잘해 주는지 몰라요.

우선 "네가 좋다니 나도 좋다."라고 보낸 후에, 친구들이 말리는 이유에 대해 같이 고민해 보고 내일 학교에서 이야기해 보자며 문자를 마쳤다.

교육복지실의 아침은 어제 있었던 이야기로 분주했다. 어제 본 드라마 이야기, 컴백한 가수의 노래 이야기……. 자세히 들어 보면 모두 사랑 이야기다. 슬쩍 시내 곁에 앉아서 아이들의 대화에 함께했다.

시내 정말, 그런 남자는 없는 거겠지?
희영 텔레비전이니까. 네 주위를 봐. 다 찌질한 남자들이잖아. 우린 아마 평생 그런 사람이랑 사귀지 못할 거야.
정희 사귀는 것까지는 바라지도 않아. 가까이에서 볼 수만 있으면 좋겠다. 김수현이 뭘 해 달라면 다 해 줄 텐데. 하긴 시내는 예쁘니까 혹시 모르지만…….
시내 외모는 문제가 아닌 것 같아. 이제까지 만난 남자들을 보면 다

들 그래. 동갑은 유치하고, 오빠들은 좀 그렇고…….

희영 아무튼 있는 것들이 더한다니까.

나 하하. 그래서 현실과 이상은 다르다고 하나 봐.

시내 사귀는 건 힘든 일 같아요. 좋은 건 잠시예요. 신경 쓸 일이 더 많고, 감정 때문에 시간 낭비하고…….

나 그런데 계속 사귀는 것을 꿈꾸잖아.

시내 전 제가 먼저 좋아해서 사귀는 일은 없었어요. 다들 남자 쪽에서 먼저 사귀자고 해서 좋아진 거지.

정희 그건 네가 문제야. 넌 왜 그리 자신이 없어? 내가 너만큼 예쁘고 몸매 좋으면 내가 좋아하는 사람이랑 사귀겠다.

시내 나 뚱뚱해. 그리고 나보다 예쁜 애들이 얼마나 많은데…….

아이들의 말대로 시내는 예쁜 아이지만 자신감이 없었다. 매번 연애할 때마다 "저 같은 걸"이라고 하며 자신을 좋아해 주는 것이 신기하다고 했다. 그리고 끊임없이 상대에게 자신을 정말 사랑하는지 확인하려고 했다. 나는 곁에서 이야기를 듣는 것뿐인데도 지칠 것 같았다. 이번 연애도 마찬가지였다.

시내의 문제에 대한 해결 방법은, 의외로 쉽게 아이들 사이에서 나왔다. 아이들은 짧은 시를 아예 외워서 교육복지실 문 앞에서 외치고 가위나 칼 등을 빌려 간다. 그중 한 편이 함민복 시인의 「가을」이었다.

"당신 생각을 켜 놓은 채 잠이 들었습니다"

단 한 줄이지만 그 안에 가슴 설레는 감정이 잘 담겨 있다. 그날도 점심시간에 누군가 A4용지 한 장을 빌려 가면서 이 시를 외치고 나갔다.

정희 그래, 진짜 사귀는 건 저런 것 같아. 저 시처럼 항상 소중히 생각하는 것.

시내 맞아. 오빠들은 내가 자기를 좀 더 좋아한다고 생각하면 정말 함부로 하는 것 같아.

정희 그렇지, 함부로 쓰면 시가 되지 못하잖아. 노랫말도 그렇고.

나 너희 정말 멋진데? 이런 엄청난 사실을 스스로 알아내다니.

희영 예전에는 노랫말을 열심히 듣지 않았는데 요즘 〈나는 가수다〉나 〈불후의 명곡〉 같은 프로를 보면서 노랫말을 자세히 듣게 되었어요. 정말 눈물 나는 시 같은 노랫말이 많더라고요. 아! 그래도 연애하고 싶다……. 이왕이면 이승기 노래 「연애시대」에 나오는 사람으로.

 이후에도 시내의 연애는 그 전과 크게 다르지 않았지만 그래도 조금의 변화가 있었다. 다른 사람을 통해 자신을 바라보는 것을 조금씩 줄여 가고 있었다. 자기가 먼저 자신을 사랑하지 않으면 누구도 자신을 사랑해 주지 못한다는 것을 깨달아 가고 있었다.

 어느 날은 내게 시 한 편을 보여 주었다. 도종환의 「우리 모두 아픔에 정직합시다」라는 시였다. 시내는 그동안 자신만 아프다고 생각했다고 한다. 그런데 아이들과 시에 대한 이야기를 나누다 보니 그 아픔이 나만의 아픔은 아니라는 걸 알았다. 형제가 없는 시내는 초등학교 저학년 때까지 맞벌이 하는 부모님을 대신해 할머니 곁에서 자랐다고 한다. 그런데 갑자기 할머니가 돌아가시고 낮에는 혼자 집에 남겨졌다. 부모님은 시내가 고학년이라 혼자 지낼 수 있다고 판단한 것이었다. 게다가 실업을 반복하는 아버지를 대신하여 엄마는 항상 바쁘게 지냈다. 시내는 항상 불안했고, 든든한 누군가를 필요로 했던 것 같다고 말했다.
　이제 시작이다. 시내가 앞으로 얼마나 많은 사람들을 만나게 될지 알 수 없다. 그래도 조금씩 성장해 가리라 믿는다. 한 편의 시를 쓰기 위하여 시인들이 마음에 드는 시어를 고르듯이 시내도 자신의 감정들을 가만가만 들여다보며 현명한 선택을 할 수 있으리라 믿어 본다.

연애하는 아이들이 찾아 읽은 책

❋ 『**사랑하다가 죽어버려라**』 정호승 지음, 창비

쌤, 저 남자친구랑 22일 되는 날이에요.
4절지에 편지 쓸 건데 채울 만한 시가 필요해요.
고급스러운 시면 좋겠어요.

지금 내게 연애를 말하는 거야?
흐흐, 나 연애 싫어!
아, 생각 나는 시집 있다. 자, 여기!
『사랑하다가 죽어버려라』 제목 좋지?

네, 여기 좋은 시 많네요. 이 시 어때요?

당신에게

오늘도 당신의 밤 하늘을 위해
나의 작은 등불을 끄겠습니다.

오늘도 당신의 별들을 위해
나의 작은 촛불을 끄겠습니다

이 시 읽으니 그 동안 남자친구에게
너무 저한테 맞추라고만 한 것 같아요.
맨날 내 이야기만 하고……
저 이 시집 읽고 철든 것 같죠?

좋아, 좋아.
'사랑하다가 철들어 버려라!'로 시집 하나 내야겠네.

● 서정시인 정호승이 긴 침묵 끝에 7년 만에 발표한 시집이다. 개인적인 삶에서 이별을 겪은 시인이 그로 인한 고통과 아픔, 그리고 그 속에서 깨달은 사랑과 이별에 대한 이야기를 시로 썼다.

> 연애하는 아이들이 찾아 읽은 책

✻ 『1cm⁺ 일 센티 플러스』 김은주 지음, 양현정 그림, 허밍버드

 쌤 『1cm』 같은 책 없어요?

 그게 뭔데?

 쌤, 이 책 몰라요?
여기 있어요. 한번 보세요.

 그림이 많고, 글이 적네.
감성에세이 같은 거구나. 그림 예쁘다.

 그렇죠? 쌤은 이런 거 안 읽어요?

 잘 몰라서. 좋은 책 있으면 너만 보지 말고 알려 줘.
작가가 잘나가는 광고 회사 카피라이터구나.

 와! 몰랐어요.
역시 쌤은 저자를 먼저 보는구나.
쌤은 이런 책 아는 거 없어요?

 아니, 있어. 얼마 전에 『하루하루 기분 좋아져라』라는
책을 졸업생한테 선물 받았어.
사진이랑 짧은 글이랑 보고 있으니 좋던데?

 좋아요. 그거 빌려 주세요! 남자친구랑 보게요.

● 2008년에 출간된 『1cm』의 후속작이다. 그림과 재치 있는 짧은 글이 들어 있는 감성에세이다. 부제인 "인생에 필요한 1cm를 찾아가는 크리에이티브한 여정"으로 알 수 있듯이 작가가 독자에게 전해 주고 싶은 1cm 만큼의 넓이와 깊이에 대한 이야기이다.

애완동물을
좋아하는 아이

강아지를 좋아하는 현성이

현성이는 작년 학기 말에 전학 온 아이다. 3월에 개학한 이후, 거의 학교에 온 적이 없다고 하는데 아이들을 통해 집을 나갔다, 누구를 사귄다, 정말 개념 없는 놈이다 등의 이야기가 계속 전해졌다. 선생님들 사이에서 여러 번 강제 전학을 다녀서 학교에서는 지도가 불가능한 아이라고 수군거리는 소리도 들었다. 동네에서는 경찰이랑 말싸움하는 아주 나쁜 놈이라고도 했다. 가출한 상태이니 집으로 찾아갈 수도 없고, 현성이 친구들과는 아직 친해지질 못해서 같이 만나자고 할 수도 없었다. 그러다 일주일 전 현성이를 처음 만났다.

"얘가 현성이에요."라며 교육복지실 문을 열고 경호가 현성이를 데리고 들어섰다.

현성이는 불만과 분노가 가득한 얼굴로 말을 툭 내뱉었다.

"왜요? 뭐가 궁금한데요?"

"애들이 하도 잘생겼다고 하기에."

내가 웃으니 현성이도 같이 웃었다. 웃는 모습이 참 귀여웠다. 웃지 않을 때와는 전혀 다른 얼굴이다.

현성이를 매일 만났다. 현성이는 수업 중간에도 교육복지실에 오고, 아침 일찍도 왔다. 현성이가 학교에 오지 않은 날은 늦은 저녁 학교 밖에서 만나기도 했다. 그러던 어느 날, 휴대전화를 만지작거리고 있는 현성이에게 『마들렌카의 개』라는 그림책을 들이밀었다.

"책! 전 책 같은 거 안 봐요."

"이거 그림책이야. 너 그림책 본 적 없어?"

현성이는 그림책을 본 적이 없다고 했다. 어린 시절 아빠가 사 준 위인전 몇 권이 이제까지 본 책의 전부라고 했다. 재미도 없는 책을 사 주고 안 읽는다며 혼냈단다.

『마들렌카의 개』를 보여 주었다. 글은 읽어 주지 않고 이야기를 들려주었다. 처음에는 관심 없는 듯이 듣고만 있더니 들춰보기 밑에 숨어 있는 강아지 사진을 쳐다보기 시작했다. 내가 그중 다리가 아주 짧은 종의 강아지를 키우고 싶다고 하자 현성이는 아예 휴대전화를 내려놓고 그림책을 보기 시작했다.

"이 그림책 참 잘 만들었네요. 저도 강아지 키운 적 있어요."

현성이는 자신이 키웠던 푸들 이야기를 시작했다.

"그때는 엄마가 있었어요. 갈색 푸들이었는데, 얼마나 똑똑했는지 몰라요. 엄마 회사 사람이 줬는데 진짜 귀여웠어요. 저는 개 안 때려요. 애들은 맞을 만해서 때리는 거지……. 개는 아니에요. 제가 목욕도 시켰는걸요. 귀에 물 들어가면 안 돼서 얼마나 조심조심 시켰는데요. 그런데 몇 달 못 키웠어요. 아빠가 문을 열어 놨는데 그 사이에 나갔어요. 엄마가 나가 버리고 아빠가 일부러 문을 열어 놓은 거 아닌가 싶어요. 강아지 있을 때는 좋았어요. 학교 끝나자마자 집에 얼마나 빨리 달려갔는데요. 그리고 그때는 아빠도 지금처럼 매일 술을 마시진 않았던 것 같고, 형은 집에서 웃기도 했어요. 아직도 강아지 기르고 싶어요. 제가 지금은 가출을 좀 많이 하지만 개 있을 때는 안 했어요."

강아지 이야기를 하는 현성이는 더 이상 아이들이 무서워하고, 선생님들이 고개를 설레설레 흔드는 아이가 아니었다. 중학교 2학년의 표정이 아닌 무척이나 귀여운 초등학교 저학년 아이의 모습이었다. 저렇게 귀여웠나 싶을 정도로 말이다. 내가 애완동물에 대한 책을 살펴보니 옆에 앉아 같이 책을 보기 시작했다. 그러고는 요즘 세상이 좋아져서 책이 잘 나온다며 웃었다.

현성이가 쉬는 시간에 그림책을 보니 다른 아이들도 신기했던지 현성이가 내려놓은 책을 슬쩍 집어 들었다. 그중 『언제나 만날 수 있어』(키쿠다 마리코 지음, 최혜정 옮김, 고래가숨쉬는도서관)라는 책에 대해서는 여자아이들이 그림책을 읽다가 울 뻔한 적은 처음이라고 호들갑이었다. 한 무리의 아이들이 돌아가자 현성이가 슬쩍 이야기를 시작했다.

"이 책…… 애완동물이 죽은 이야기가 아니라 주인이 죽은 이야기잖아요. 저도 죽었으면 좋겠어요. 그냥 죽으면 끝이잖아요. 한 달 후면 재판이 있는데 아마 소년원에 가게 되겠죠? 형이 그러는데 소년원에서도 엄청 때린다고 하더라고요. 집에 가서 아빠한테 맞아 죽든지, 소년원에 가서 맞아 죽든지 똑같은 것 같아요. 그것보다는 그냥 여기서 죽어 버렸으면 좋겠어요.

뭘 어떻게 해야 할지도 모르겠고, 제가 봐도 저는 그냥 생각 없이 살고 있는 것 같아요. 그런데 제가 죽으면 이렇게 절 기억해 주는 사람이 있을까요? 모두들 속 시원해하면 어쩌죠? 그럼 귀신이 되어서라도 혼내 주러 와야 할 텐데……. 생각만 해도 화가 나요. 아빠, 담임, 옛날 학교 선배만 아니었으면……. 저 원래 나쁜 놈은 아니에요."

현성이에게 동물을 좋아하는 사람치고 나쁜 사람은 없다고 이야기해 주었다. 그리고 이제 남 탓이 아니라 자신 덕분이라는 이야기를 할 수 있었으면 좋겠다고 했다. 사실 재판을 앞둔 현성이에게는 어떤 이야기도 잘 들리지 않을 걸 잘 알고 있었다. 그러나 이대로 놔두면 점점 더 상황이 안 좋아질 것이다. 내가 할 수 있는 것은 불안한 것을 짜증이나 비행 행동으로 표출하는 것이 아니라 불안하다고 말할 수 있게 하는 것이라고 생각했다. 그냥 도망가는 것이 아니라 맞서 이겨 낼 수 있도록 해 주고 싶었다.

현성이에게 애완동물은 대개 주인보다 일찍 죽는데 키우는 것에 대해 어떻게 생각하는지를 물었다. 『이젠 안녕』(마거릿 와일드 지음, 프레야 블랙우드 그림, 천미나 옮김, 책과콩나무)에서처럼 애완동물이 죽으면 아이가 큰 충격을 받게 되기 때문이다. 현성이는 말이 없었다. 그러고는 모르겠다고 했다. 그래도 애완동물을 키우는 것은 좋은 일이라고 말했다. 살다 보면 더한 일들도 많으니 한번 이겨내 보는 것도 괜찮은 일이라고 덧붙였다.

재판이 코 앞으로 다가온 어느 날 새벽, 현성이를 만났다. 만나 주기만 하면 내가 하라는 대로 다하겠다고 했다. 이제 잘 곳을 찾아서 떠도는 것도 지친 모양이라고 생각하며 만났다. 집으로 데려다 주는 동안 멀미가 난다며 창문을 내리고 창밖을 내다보던 현성이가 내게 말을 걸었다.

"『플란더스의 개』(위더 지음) 기억나세요? 아주 어릴 때 읽어서 내용은 잘 기억나지 않지만 그 개 기억이 많이 나요. 그런 개가 곁에 있으면 참 든든하겠죠? 재판 갈 때 엄마랑 같이 가고 싶어요. 엄마가 능력 없는 아빠 대신에 돈 버는 동안 아빠한테 절 맡기기는 했지만 그래도 재판에는 같이 가 주지 않을까요?"

애완동물 이야기가 담긴 책

❋ 『마들렌카의 개』 피터 시스 지음, 임정은 옮김, 베틀북

 이 책 보니까 어릴 때 키웠던 개가 떠올라요.

 그래? 어떤 개였는데?

 초등학교 5학년 때 말티즈를 키웠는데 정말 귀여웠어요. 근데 엄마가 팔아 버렸어요. 엄마는 항상 저랑 상의도 안 하고 결정해요. 지금도 그래요.

 저런, 인사도 제대로 못하고 헤어졌겠구나.

• 마들렌카는 개를 키우고 싶지만 부모님이 허락해 주지 않아 상상 속의 개를 데리고 산책을 간다. 동네 사람들은 마들렌카를 보며 각자의 개 이야기를 들려준다. 동네 사람들이 어린 시절에 키운 개를 열어 볼 수 있게 만든 그림책이다.

❋ 『안녕, 고양이는 고마웠어요』 이용한 지음, 북폴리오

 쌤은 고양이는 별로예요? 왜 매번 개 이야기만 해요?

 아니, 난 고양이도 좋아. 그런데 개 같은 고양이, 고양이 같은 개가 좋아. 하하.

 이 책 봐요. 이 책에선 고양이를 좋아하는 마음이 느껴져요!

• 저자가 한 동네에서 1년 반 동안 만난 길고양이 이야기가 포토에세이 형식으로 펼쳐진다. 고양이를 좋아하는 사람이라면 재미있을, 그러나 가슴 아플 책이다.

사회에 관심 있는 아이

이제는 어리광도 부리고 싶은 효정이

봄이 되면 여기저기 지천으로 피는 반가운 꽃이 있다. 무척이나 작아서 자세히 보지 않으면 그냥 풀인 줄만 아는 '꽃마리'라는 들꽃이다. 매년 봄이 되면 몇몇 사람들에게 이 꽃을 알려 준다. 그럴 때마다 모두들 이 작은 꽃 속에 숨어 있는 하늘빛과 노란색의 아름다움에 깜짝 놀란다. 효정이도 마찬가지였다.

"와! 정말 예쁘네요. 선생님은 이 꽃을 어떻게 알았어요?"

"처음에는 도감에서 봤어. 색이 너무도 곱기에 찾아봤더니 정말 흔하더라고……."

효정이는 항상 내가 제일 바쁠 때 불쑥 나타나서 심심하다며 징징거리는 중학교 3학년 여자아이다.

"선생님, 이것만 하고 놀자."

집에서 5살짜리 딸에게 하는 말과 비슷하다. 효정이에게 이렇게 이야기하다가 일을 끝내고 효정이를 찾으면 항상 없다. 내 딸이 그렇듯 말이다.

그 외에도 효정이는 딸아이와 비슷한 것이 많다. 말없이 내 옆에 앉아서 모두 다 아는 5교시 시작 시간을 물어보기도 하고, 뜬금없이 오늘이 무슨 요일이냐고 묻기도 한다. 그냥 말을 하고 싶어서 그런 것도 같다. 그러고 보니 효정이가 언제부터 내 옆에 있었는지 모르겠다. 처음에는 교육복지실에 오는 친구들을 따라왔던 것 같다. 그러다가 친구들이 내게 여러 이야기를 막 털어놓고 가면 점심시간 끝나는 종이 치기 5분 전쯤에야 효정이는 급하게 말을 하기 시작했다.

"선생님은 연희만 좋아하시는 것 같아요."

"선생님, 제 이름은 아세요?"

"저 고등학교 어디 갈까요?"

그러던 어느 날, 매일 컴퓨터만 쳐다보며 일하는 것이 미안해서 효정이와 블록 빼기 놀이를 하자고 했다. 둘이 시작하니 다른 아이들도 모여들어 단체전이 되었다.

평소에 얌전한 편이었던 효정이는 좀 과도하다 싶을 정도로 웃고, 화를 냈다. 평소 효정이와 친하게 지내던 아이들도 효정이의 이런 모습에 깜짝 놀랐다. 점심시간 끝나는 종이 울리자 볼이 발갛게 달아오른 효정이가 얼굴 가득 웃음을 띠고는 내일도 같이 놀자고 하며 교실로 뛰어갔다.

하지만 다음 날도 나는 여전히 바빴다. 급하게 보고해야 할 일들이 가득했기 때문이다. 점심을 먹은 아이들은 이미 블록 빼기 놀이를 시작했지만 효정이는 그곳에 가지 않고 내 곁에 있었다.

"선생님, 심심해요!"

단 5분이라도 효정이랑 눈을 마주치고 이야기해야겠다고 생각했다.

"효정아! 혹시 하고 싶은 이야기가 있니?"

"아니요, 심심해서요."

"혹시 너 남동생 있니?"

이렇게 효정이와 시끄러운 점심시간 교육복지실에서 이야기를 시작했다. 너무 시끄러워서 아주 가까이에서 대화를 할 수밖에 없었다. 평소 어른스러운 효정이는 내 짐작대로 남동생이 있는 첫째 딸이었다. 다섯 살 차이 나는 남동생이 태어나던 때를 아직도 기억한다고 했다. 특히 할머니, 할아버지가 남동생이 태어났다고 좋아하셨는데, 지금도 할아버지 댁에 가면 같이 인사를 해도 효정이는 눈에 보이지 않는 것처럼 동생 손만 잡고 좋아하신다고 했다. 그리고 집에서는 항상 "효정이는 항상 알아서 잘하니까."라는 말을 듣는, 한 번도 부모님 걱정시키지 않는 딸이었다. 부모님이 걱정하실까 봐 자기 고민 같은 것은 이야기해 본 적도 없다. 요즘 들어 가장 큰 고민은 진정한 친구가 없는 것이다. 아이들과 두루 다 친하긴 한데 정작 친한 아이가 없는 것 같다고 했다.

"네가 말하는 진정한 친구가 너 아니면 안 되는 친구를 말하는 거니?"

효정이의 눈에 눈물이 잠깐 고였다.

"네, 집도 학교도 저 없이 괜찮지 않을까 생각했어요. 그냥 전 있어도 그만, 없어도 그만인 것 같아요."

효정이는 이야기를 나누다가 내 책꽂이에 꽂혀 있는 『대한민국 청소년에게 2』를 가리켰다.

"저, 저런 책 좋아해요. 우리 아빠가 자기계발서 같은 것을 많이 읽으래요. 얼마 전 『아프니까 청춘이다』도 재미있게 읽었어요."

이런 책을 왜 '자기계발서'라고 하는지는 모르겠지만 효정이와 좀 더 깊은 대화를 나누기에 좋을 것 같아서 『대한민국 청소년에게 2』를 읽고 다시 이야기해 보기로 했다. 효정이에게 이 책에는 내가 좋아하는 저자들이 청소년을 위해서 쓴 글이 담겨 있다고 이야기해 주었다. 고등학생이나 대학생이 읽으면 좋을 것 같아 좀 어려울지도 모르겠다고 했더니 괜찮다고 했다.

사흘 후 효정이는 책을 들고 왔다. 무척 재미있게 읽었다고 하면서 말이다. 아빠가 책을 보시더니 좋은 책을 읽는다고 칭찬도 했다며 들떠서 이야기했다. 아버지와는 어떤 대화를 나누었느냐고 했더니 그냥 그 이야기뿐이었다며 금방 시무룩해졌다.

나는 중학생이 재미있게 읽을 이야기는 아닌데 재미있게 읽었다는 것이 궁금해서 책에 나오는 이야기를 시작했다. 개인적으로는 공감하며 재미있게 읽었지만 사실 너무 강하게 비판하다 보면 중학생밖에 되지 않은 효정이가 대한민국에 대한 거부감(?)이 들면 어쩌나 하는 걱정이 살짝 되기도 했다.

"아빠가요, 항상 신문이나 텔레비전을 보시면 우리나라에 대해 뭐라고 하세요. 이 책을 읽으니 왜 그런 말씀을 하셨는지 이해가 되었어요."

"우리나라가 왜 이 모양일까 하는 생각을 한 거야?"

"네, 아빠가 돈 있으면 외국 가서 살고 싶다는 이야기를 많이 하셨어요. 저도 우리나라가 싫어요."

"그런데 선생님은 좀 생각이 달라. 이렇게 아니라는 이야기를 할 수 있고, 그만큼 애정이 있는 사람들이 많으니 조금씩 바뀌고 있는 건 아닐까? 학교에서 체벌도 없어지고, 이렇게 학교에 교육복지실도 생기고……."

"그러네요. 선생님, 또 이런 책 빌려 주세요. 선생님께서 재미있게 읽으신 책으로요."

다음 책으로는 『아프니까 청춘이다』보다 재미있게 읽은 책 『이것은 왜 청춘이 아니란 말인가』였다. 효정이는 이 책을 일주일 만에 돌려주었다.

이번에도 아빠 이야기를 했다. 주말에 저녁을 같이 먹으면서 청년 실업에 대한 뉴스가 나와서 이 책에서 본 이야기를 했다고 한다. 그러자 아빠가 "우리 딸 많이 컸네."라며 웃으셨다고 한다. 효정이는 이 책들이 좋았다기보다는 아빠와 이야기를 나누고 싶었던 것 같다. 동생이 태어난 뒤로 항상 누나는 알아서 잘하는 아이였다. 그러다 보니 어리광은 다섯 살에서 멈추었다. 효정이도 어리광을 부리고 싶을 때가 많았지만 그럴 때마다 부모님은 "누나 좀 봐라. 얼마나 의젓하니?"라는 말씀을 하셨다고 한다. '손이 안 가는 착한 아이'가 되느라고 '어리광 많은 귀여운 아이'를 포기한 것이다.

효정이에게 내가 재미있게 읽은 책들을 소개해 주면서 미래의 효정이에 대한 이야기를 많이 나누었다. 공부를 잘해도 불안한 시대에 건강한 대한민국 국민이 되기 위해서는 어떻게 해야 하는지 생각해 보았다. 결론은 남을 이기기 위해서, 남에게 보여 주기 위해서 사는 것보다는 나 자신이 즐겁고 잘하는 일을 찾자는 것이었다. 그리고 좀 더 재미있게 살기 위하여 노력해 보기로 하였다. 나 역시 효정이와 눈을 마주치고 놀아 주는 시간을 갖기로 하였다.

워낙 작아서 보이지 않는 꽃마리처럼 효정이는 신경 써서 자세히 보지 않으면 잘 보이지 않는다. 하지만 가만히 앉아서 자세히 들여다보면 참 예쁜 아이다. 그리고 이제는 내 좋은 친구다.

건강한 대한민국 어른이 되기 위한 책

❋ 『대한민국 청소년에게 2』 고성국 외 지음, 바이북스

 요즘 계속 텔레비전이나 페이스북, 카카오스토리 여기저기에 사회 문제에 대한 이야기가 많은데 뭔 말인지 모르겠어요. 이러다 우리나라 망하는 거 아니에요?

 너는 요즘 살기 좋으냐?

 살기 좋은 중학생이 어디 있어요?

 다들 살기 힘들면 우리나라가 망하겠네.

 농담 아니에요. 전쟁이라도 나면 어떡해요? 근데 뉴스에서 하는 말이 맞아요, 페이스북에서 하는 말이 맞아요?

 글쎄. 맞는 것이 어떤 것인지 잘 판단해야 하는 게 우리 몫 아닐까?

 그걸 우리가 어떻게 판단해요? 아는 게 없는데…….

 알아 가는 것이 제일 중요해. 이 책을 좀 읽어 봐. 너희가 말하는 꼰대가 되기를 거부하며 공부하는 어른들이 너희에게 하고 싶은 이야기를 쓴 책이야. 어려운 글도 있기는 하지만 읽을 만할 거야.

● 진보 지식인들이 청소년들에게 보내는 편지다. 신자유주의, 비정규직, 언론과 미디어 등 다양한 사회에 대한 이야기를 들려준다.

❋ 『아프니까 청춘이다』 김난도 지음, 쌤앤파커스

난 이 책 괜찮더라고. 넌 어땠어?

제가 서울대는 못 가겠지만 서울대 다녀도 이런 걱정을 한다는 게 위로가 되기도 하고, 불안하기도 하고 그랬어요.

그래서 네가 지금 아픈 것이 위로가 좀 됐니?

그건 잘 모르겠고요. 뭘 하면서 먹고살지 더 걱정이 되긴 했어요. 전 아직 뭘 잘할 수 있을지 모르겠어요.

그럼 다음 책은 네가 뭘 잘할 수 있을지 찾아보는 책으로 정하자!

● 서울대학교 김난도 교수가 흔들리는 청춘에게 들려주는, 따뜻하지만 가끔은 정신이 번쩍 들게 하는 이야기다.

❋ 『이것은 왜 청춘이 아니란 말인가』 엄기호 지음, 푸른숲

『아프니까 청춘이다』보다 이 책이 더 마음에 들어요. 이 책은 너의 미래도 이렇게 아프고, 사회적으로 어쩔 수 없는데 네가 잘못한 것은 아니다, 오히려 잘 봐 두라는 느낌이었어요.

우아! 역시 대단하군. 실체를 모르는 미래는 불안하지만 실체가 보이는 것은 대책을 마련할 수 있지.

● 일류대가 아닌 이삼류 대학교, 지방대학교에 다니는 대학생의 이야기가 진정성 있게 다가온다. 청소년의 먼 미래가 아닌 가까운 미래에 대한 이야기가 좀 더 현실적으로 그려졌고, 그 대안도 생각할 수 있는 인문 에세이다.

진로가 걱정인 아이

약하게 보일까 걱정인 진영이

왜 그렇게 바빴는지 모르겠다. 엉거주춤 서서 계속 내 눈을 마주치려고 했던 진영이. 그것을 모르고 있지 않았기에 계속 마음이 쓰였다. 그러던 어느 날 눈이 마주쳤는데 마치 내게 보여 주려고 들고 있었던 것 같은 책을 슬쩍 내게 밀어 주었다. 자신도 다 읽지 않았지만 무척 재미있다는 것이다. 그러는 사이에 전화가 오고 또 급히 전화를 받으며 다 읽으면 빌려 달라고 건성으로 이야기했다. 전화를 하는 도중 표지를 보니 흔한 판타지 소설 같다. 그다지 내키지 않는 내 표정을 읽었는지 진영이가 얼른 겉표지를 벗겨서 보여 주었다. 『헝거 게임』(수잔 콜린스 지음, 이원열 옮김, 북폴리오), '헝거'도 '게임'도 역시 마음에 들지 않는 단어다. 전화를 끊고 대충 어떤 내용인지를 물었더니 미래의 강력한 독재 사회에 대한 이야기인데, 국가는 '캐피톨'이라는 수도와 열두 개 구역으로 나누어져 있고, 열두 개 구역을 통제

해 반란을 막기 위한 수단으로 청소년들이 목숨을 거는 서바이벌 게임을 한다는 내용이란다. 내게는 내용도 그다지 흥미롭지 않았다. 게다가 진영이가 계속 눈에 띄기는 했는데, 진영이는 공부도 잘하고 친구들과도 잘 지내는 아이라고 스스로에게 변명하며 당장 문제가 생긴 아이들을 만나러 다니기 바빴다. 그렇게 이 책을 읽은 것은 한 달도 더 지난 뒤였다. 진영이가 시작이었는지는 모르지만 교육복지실에서 아이들이 이 책을 돌려 읽기 시작했다. 그날도 누군가 이 책이 무척 재미있다고 내게 읽었느냐고 물어보았다. 갑자기 진영이 생각이 나서 집에 가는 길에 책을 사서 잠들기 전에 조금 읽어 보려고 책을 들었는데 밤을 새워 읽고 말았다. 책을 다 읽고 나니 창밖이 환하게 밝아 오기 시작했다. 몸은 피곤했지만 빨리 진영이를 만나서 이야기를 나누고 싶은 마음에 설레기까지 했다. 다행히 진영이는 오늘도 빨리 왔다. 오늘 해야 할 일을 적는 것도, 교육복지실을 청소하는 것도 미뤄 두고 책을 다 읽었다며 자랑하듯 큰 소리로 진영이를 맞이했다.

"정말 재미있죠? 저 2, 3권도 샀어요. 그런데 곧 중간고사라서 읽기 시작하면 안 될 것 같아 미뤄 두고 있어요."

"나도 2, 3권 당장 주문했어. 이번에는 내가 먼저 읽어 보고 알려 주지. 설마 재미없지는 않겠지? 네가 판타지 소설을 좋아하는지 몰랐어. 추천도서 같은 것을 읽는 줄 알았는데……."

"이거 판타지 소설이에요? 판타지 소설 읽는 거 시간 낭비라고 생각했는데 이건 판타지 소설 같지 않은데……. 그냥 미래를 상상하면서 쓴 것 같아요. 그리고 혜인이 있잖아요. 우리학교 전교 5등 안에 항상 드는 애. 그 애가 읽고 있는 것을 봤어요. 다른 애들도 재미있다고 하고요. 읽어 보니 재미있더라고요. 가끔 신문에서 보면 조지 오웰 『1984』이야기 나오잖아요. 엄마가 상식으로 읽으라고 했는데, 그건 읽다가 어려워서 못 읽었거든요."

"그럼 책을 재미로 읽는 것이 아닐 수도 있겠네. 난 네가 평소에 책을 많이 읽기에 좋아서 읽는다고 생각했는데……."

"저, 공부하듯이 읽어요. 그래도 읽다 보면 대부분 재미있어요. 상식도 넓히고, 공부도 되고, 취미 생활도 되면 좋잖아요. '서울대 추천도서' 같은 건 어렵긴 하지만 읽고 나면 뿌듯하기도 해요."

"넌 공부가 좋니?"

"모르겠어요. 그렇게 싫은 건 아닌데 그렇다고 좋은 것도 아니고……. 그런데 잘 모르겠어요. 공부가 문제가 아니라 당장 고등학교도 외고나 과고에 갈 실력도 안 되고 준비도 안 했는데, 그냥 인문계 가기도 불안하고, 그리고 이렇게 공부해서 서울대는 못 갈 것 같은데 서울대 나온 사람들도 취직 안 된다고 하고……."

"이 책에는 임업, 광업 등을 하는 열두 개 구역과 수도 '캐피톨'에 사는 사람들로 나뉘어 있잖아. 그럼 차라리 이렇게 태어날 때부터 모든 게 정해져 있는 것은 어떨까?"

"판엠의 대통령인가가 그러잖아요. 가장 강력한 통제가 약간의 희망을 갖게 하는 거라고요. 결국 스물네 명이 목숨을 걸고 싸우지만 한 명만 살아남는 '헝거 게임'처럼 우리도 그런 것 같아요. 알고 보면 다 정해져 있는데 공부라는 것을 통해 약간의 희망을 갖게 하는 거죠."

"나도 그게 참 무섭다는 생각이 들더군. 결국 성공이라고 하는 건 스물네 명 중 한 명이 살아남는 것보다 훨씬 적은 확률일 수 있으니 말이지. 넌 이 책을 보면서 열두 개 구역의 사람들에게 감정이입을 했니? 오히려 우리는 수도 '캐피톨'에 사는 사람들처럼 헝거 게임에 나온 아이들을 지켜보는 입장 아닐까?"

"그런 것도 같네요. 사실 제가 그 책을 읽으면서 헝거 게임에 속해 있다는 생각은 안 한 걸 보니……. 긴장하며 빨리 읽은 책이긴 했는데 참 많은 생각을 하게 만드는 책이었어요."

아이들이 들어오기 시작했다. 우리가 나누는 대화를 옆에서 듣고 있던 희경이가 『헝거 게임』을 읽지는 않았는데, 영화로 봤다고 했다. 그다지 재미없어서 중간에 졸기도 했다며 책은 재미있느냐며 우리 대화에 끼어들었다. 책을 읽으면서 주인공의 의상과 미래 사회의 모습이 궁금했기 때문에 희경이의 이야기가 흥미로웠다. 하지만 진영이는 궁금하지 않다고 했다. 영화는 책과 다른 느낌이고 책으로 읽는 게 여러 가지로 상상할 수 있어서 영화는 안 본다고 했다. 진영이의 이야기에 머쓱해진 희경이를 보며 내가 영화를 볼 테니 진영이도 희경이도 같이 이야기를 나눠 보자고 했다.

개인적으로 영화는 나름대로 흥미로웠고, 책을 읽지 않으면 이해하지 못하는 부분이 제법 있을 것 같다는 생각이 들었다. 희경이도 진영이도 서로를 그다지 편하게 대하는 것 같지 않아서 영화에 대한 이야기는 따로 하기로 했다. 진영이는 어제보다 더 일찍 학교에 왔다.

"나중에 시간 날 때 영화로 보는 것도 좋을 것 같아. 영화와 소설을 비교해 보는 것도 흥미로운 일이거든. 네 상상력과 감독의 상상력을 비교해 볼 수 있잖아. 그리고 두 가지 매체에 대해 비교하는 논술도 유행이잖아."

"그렇군요. 3학년 기말고사 끝나면 여유가 있으니 한번 봐야겠어요. 그런데 요즘은 그날이 올까 싶어요. 엄마, 아빠는 고등학교에 대해 그냥 생각나는 대로 말하는 것 같아요. 어제는 갑자기 서울여상을 가라는 거예요. 거기는 공부 잘하는 애들이 오니 공부 분위기 잡히지 않겠느냐며. 그랬다가 갑자기 하나고에 원서라도 내 보는 것이 어떻겠냐고 하고. 제가 얼마나 스트레스 받는지는 생각 안 하는 것 같아요."

"혹시 부모님께 네가 스트레스 받는다고 표현은 했니? 넌 항상 표정이 비슷해서 나도 잘 모르겠던걸. 특별히 크게 웃거나 화내는 건 못 봤는데……."

"제가 좀 그렇죠. 아이들에게 까칠하게 보이는 연습을 많이 해서 그럴 거예요. 초등학교 때 누구에게나 잘해 주니 애들이 만만하게 보더라고요. 그리고 남자아이들도 함부로 대하고. 그래서 그 뒤로부터 그냥 잘 안 웃고, 아이들이 묻는 말에만 짧게 대답하고 지냈더니 지낼 만해졌어요."

"『헝거 게임』에서처럼 관객을 의식한 거구나."

"네, 맞아요. 그러다가 제 꿈까지 그런 척하고 지내야 하는 거 아닌가 싶어요. 사실 전 제 꿈이 뭔지 모르겠어요. 부모님이 서울여상 이야기를 했을 때는 충격이었어요. 선생님 보시기에는 어때요? 제게 은행원 같은 건 안 맞을 것 같지 않으세요? 엄마는 좋은 대학 못 나오면 다른 사람들이 얕잡아 볼 거라고 하는데……."

진영이를 만난 지 일 년이 다 되어 가는데 처음으로 진영이의 표정이 흔들리는 것을 보았다. 공부 잘하고 눈에 잘 띄지 않는 아이였다. 학교에서 흔히 볼 수 있는 별문제 없는 아이라고 생각했다. 책을 많이 읽어서 이야기하는 것도 강단 있어 보였다.

그런데 진영이와 이야기하면서, 이런 진영이도 미래를 걱정하는 것을 보면 이것은 아이의 문제가 아니라 사회의 문제라는 생각이 들었다. 대한민국 중학교 3학년! 공부 잘하는 아이는 잘하는 대로, 못하는 아이는 못하는 대로 걱정이다. 어른들은 '인생'을 운운하며 아이들에게 고등학교 입학에 대한 이야기를 하고 있지만 정작 제대로 알고 정확한 방향을 제시해 줄 수 있는 어른이 있기나 할까? 그러면서 '서울대 나와도 취직하기 힘들다'는 식의 우울한 이야기만 반복하고 있다. 아이들은 무언지 정확하게 모르는 거대한 게임판 안에 들어와 있고 그 게임판의 룰은 어른들이 계속 바꾸어 가고 있다. 그리고 그 룰에 적응하지 못해 무시당하거나 공격당해도 보호받을 방법이 없다. 지금도 그렇지만 이 아이들이 살아갈 가까운 미래도 여전히 우울할 것만 같다. 그래서 아이들을 만날수록, 아이들과 진로에 대한 이야기를 나누면 나눌수록 그들에게 미안해지기만 한다.

아이들과 나눈 직업 이야기

 쌤들은 직업도 안 가르쳐 주고 뭐가 되고 싶으냐고 물어봐요.

 여러 가지 직업에 대해 나와 있는 책이 있어. 『십대를 위한 직업 백과』는 직업이 그렇게 많이 나오진 않는데 쉽고 간단하게 알려 줘. 한번 볼래?

 우아, 컬러네요!

 그래, 읽어 봐. 우선 이런 직업이 있다는 걸 아는 게 도움이 되니까. 그런데 직업을 고를 때 뭐가 제일 궁금해?

 월급이요.

 직업에 관한 질문할 때 애들이 꼭 월급을 묻더라. 돈 많이 주는 직업은 그만큼 일을 시키지 않을까?

 어짜피 하고 싶은 일을 하며 사는 사람이 얼마나 되겠어요? 그러니 돈 많이 주는 직업이 좋죠. 굶어 죽는 거보다.

 요즘 우리나라에서 일하는데 굶어 죽는 사람은 없을걸. 『하고 싶은 일 해, 굶지 않아』라는 책도 있어.

 맘에 드는걸요. 한번 읽어 볼게요.

 그리고 직업을 고를 때 중요한 것은 나만 잘살면 되는 건 아니라는 걸 아는 거야. 조승연이라는 아이가 있는데 『소녀, 적정기술을 탐하다』라는 책을 썼어. 적정기술은 소외된 90%를 위한 기술이야. 다 함께 살 수 있는 기술을 개발하는 거지.

 자기도 살기 힘든데 다른 사람까지 생각하다니 대단하네요.

『**십대를 위한 직업 백과**』 이랑 지음, 신동민 그림, 꿈결
경영·법률, 금융·기획, 컴퓨터·공학 등 여러 분야로 나누고 그 안에 구체적인 10~13개 정도의 직업을 사전 형식으로 설명한다. 간략한 설명, 하는 일, 그 외 유사 업종에 대해서 소개한다.

『**하고 싶은 일 해, 굶지 않아**』 윤태호 외 지음, 시사IN북
학벌과 스펙에 의존하지 않고 새로운 시선으로 찾아낸 '좋은 일자리'를 통해 진정 행복해질 수 있는 길을 제시한다. 『미생』의 작가 윤태호, 노동운동가 하종강, 대안학교 교장인 정신과 의사 김현수 등 행복을 찾아 가시밭길을 걸어가는 7인의 이야기다.

『**소녀, 적정기술을 탐하다**』 조승연 지음, 뜨인돌
중학교 1학년 때 우연히 들은 강의에서 적정기술을 알게 된 저자가 3년 동안 열심히 배우고, 움직이며 자신이 하고 싶은 일에 다가가는 과정을 보여 준다.

옛날을 그리워하는 아이

똥냄새가 그리운 우진이

우진이는 오늘도 결석이다. 벌써 일주일째 학교에 오지 않고 있다. 들리는 소문에 의하면 며칠 전 아버지가 집을 나가셨다고 했다. 같은 중학교를 다니고 있는 형인 3학년 명진이도 담임선생님을 통해 확인한 결과 어제부터 학교에 나오지 않고 있다고 했다. 바로 주소를 확인해서 출동(?)했다. 오후 1시, 아이들은 집에 없었다. 무작정 PC방으로 향했다. 다행히 아이들을 만났다. 그동안 낯을 익혔던 명진이에게 먼저 인사를 건넸다.

"명진아, 학교 밖에서 만나니 새로운 느낌이군."

우진이가 명진이에게 누구냐고 물으니 모른다며 고개를 숙여 버린다.

밥부터 먹자며 아이들을 인근 식당으로 데리고 가는 길이었다.

"으~ 소똥 냄새!"

우진이가 갑자기 소리를 지른다. 호기심 가득한 얼굴이 귀여워 말을 걸어 보았다.

"나는 소똥 냄새를 맡아 본 적이 없어. 근데 생각해 보니 소를 가까이에서 본 적도 없는 것 같네. 소똥 냄새는 무슨 냄새랑 비슷해?"

"소똥 냄새 모르는 어른도 있어요? 음, 염소 똥 냄새보다 지독해요."

"소는 풀만 먹고 사니까 냄새가 거의 안 나지 않아?"

"아니에요. 정말 서울 사람들은 모르는 게 너무 많아요. 우성리 사람들은 다 아는데……."

점심 먹으면서 내일은 학교에 가자고 했다.

"쌤이 내일 데리러 오면 생각해 볼게요."

다음 날 아침, 등교 시간에 맞춰 우진이네 집에 갔다. 허름한 주택가에 있는 연립주택 지하엔 빛이 들어오지 않았다. 초인종을 누르고 문을 두드려 보았지만 열리지 않았다. 잠시 후 문에 귀를 대어 보니 텔레비전 소리가 희미하게 들렸다.

"문 열어 줘. 밖에 추워. 안에 있는 거 알아. 데리러 오라며."

그리고 10분 정도 지난 후 문이 열렸다.

"저, 학교 간다는 소린 안 했어요."

우진이는 문을 열어 주더니 다시 침대 속으로 들어갔다. 집은 여기저기 쓰레기들이 가득했고, 빨래와 설거지 거리들이 쌓여 있었다. 명진이는 이불을 뒤집어쓰고 누워 있었다. 우진이가 들어간 침대 위에 앉았다. 우선 불을 켜고 가지고 온 책을 꺼내 놓고 보았다. 우진이가 계속 뒤척이는 것을 보니 잠이 들지 않았음을 알 수 있었다.

"너한테 소똥 이야기 듣고 똥 이야기가 궁금해서 도서실에서 똥에 대한 책을 다 빌렸어. 어린이용 책도 있어서 우리 딸에게도 보여 줄까 했는데, 이

거 봐라. 너무 자극적이야. 우리 딸이 일곱 살인데 이런 거 보여 줘도 되나 모르겠네?"

우진이가 살짝 이불을 걷는다. 그리고 어디 보자며 자세를 고쳐 엎드렸다. 나도 같이 엎드려 『똥도감』(나카노 히로미 지음, 후쿠다 도요후미 사진, 김창원 옮김, 진선북스)을 보았다.

"쌤, 이거 너무 저질이에요."

"그렇지? 이거 유치원 아이들부터 읽는 책인 것 같은데……. 근데 넌 여기 나오는 똥 많이 봤어?"

"선생님보다는 많이 봤겠죠?"

우리는 그렇게 한 시간 넘게 책을 보았다. 우진이는 똥에 관한 책이 이렇게 많다는 것에 흥미로워했고, 명진이도 슬그머니 일어나서 대화에 끼어들었다. 그리고 갑자기 생각난 듯 내게 물었다.

"쌤, 올해 왜 자리 바꿨어요? 작년에는 교무실에 들어가서 두 번째 줄 끝에서 두 번째에 앉아 있었잖아요. 올해는 두 번째 줄 첫 번째에 앉으셨던데요. 쌤 딸도 둘 있잖아요. 쌤이랑 똑같이 생겼던데……."

명진이는 나를 기억하고 있었다. 한참 책 이야기를 한 후 왜 아빠가 집을 나가게 됐는지 물었다.

"우리 우성리에 있을 때 정말 잘살았어요. 비싸고 큰 차도 타고, 집도 얼마나 넓었는지 몰라요. 제가 공부를 좀 잘했거든요. 안 믿으실지 모르겠지만 그랬어요. 그×(엄마)이랑, 아빠가 중학교는 서울에서 다녀야 한다고 논이랑 밭이랑 다 팔아서 온 거예요. 그리고 아파트도 사고, 음식점도 사고…… 그리고 바로 망했죠. 그×은 바람나서 집 나가고……. 그러다 나랑 애랑 말 안 들으니까 아빠도 나간 거죠, 뭐……."

명진이가 마치 남의 이야기하듯 말했고 우진이가 "아주 × 같은 집안이죠."라고 추임새를 넣듯 이야기했다. 분위기가 서먹해졌다. 일어나서 집을 치우기로 했다. 아버지가 언제 돌아올지 모르지만 그래도 이런 환경에서 아이들이 사는 건 아니라는 생각이 들었다. 먼저 쓰레기를 치우자 명진이가 일어나 설거지를 하기 시작했다. 우진이도 쓰레기를 치우긴 했지만 나를 따라다니며 우성리에 살 때 이야기를 계속해 주었다. 안방 침대 머리맡에는 엄마가 있었던 자리를 칼로 도려낸 대가족 사진이 걸려 있었다.

　　"여기 그×(엄마)이 있던 자리예요. 우리 집이 이래서 그렇지 다른 친척들은 괜찮아요."

　　대충 집 청소가 끝났다. 힘들어 침대 위에 엎드려 있으니 우진이가 초등학교 졸업 앨범을 들고 와 옆에 엎드렸다. 그러고는 1반부터 보며 학교 아이들의 이야기를 해 주었다. 그리고 자신과 친했던 아이들은 다 다른 중학교에 갔고, 자기 혼자만 우리 학교에 왔다고 했다. 만약 친구들과 같은 학교에 갔다면 학교에 잘 나갔을 거라고 하면서 말이다. 우진이의 이야기를 들으며 '엄마한테 이런 이야기를 하고 싶었을 텐데…….' 하는 생각에 마음이 편치 않았다.

　　내 휴대전화 번호를 적어 주며 학교에 갈 마음이 생기면 연락하라고 했다. 함께 보던 책을 다시 가방에 넣었다. 그랬더니 한 권만 빌려 주고 가면 안 되느냐고 물었다. 도서관에서 빌린 거라 나중에 꼭 줘야 한다고 고르라고 했더니 『똥의 재발견』(서울랜드 엮음, 권현진 그림, 문공사)을 골랐다. 그러더니 내가 현관도 나서기 전에 내일 쌤이 데리러 오면 학교에 갈 것 같다고 말했다.

　　"갈 것 같은 거야? 갈 거야? 오늘처럼 오라고 했다가 가기 싫어졌다고 하면 어떡해?"라고 했더니 확실히 갈 거라고 했다.

학교에 와서 똥에 관한 책들을 내 책꽂이에 눈에 띄게 놓아두었다. 그것을 보고 나를 찾아왔던 학생들은 한마디씩 했다. 그런 아이들에게 책을 펼쳐 보여 주었다. 모두 더럽다며 인상은 썼지만 흥미로운 것을 발견한 듯 똥에 관한 이야기를 풀어내기 시작했다. 빌려 가서 읽는 아이들도 있었고, 아예 점심시간 내내 옆에 앉아 책을 보는 아이도 있었다.

다음 날, 우진이네 집 문을 두드렸다. 깔끔하게 교복을 입은 우진이가 가방을 메고 나왔다.

"왜 이렇게 늦게 오셨어요? 오늘 늦을까 봐 날밤 깠어요."

우진이는 특유의 귀여운 웃음을 지으며 옆에서 이야기를 시작했다.

점심시간, 여느 때처럼 나를 찾아온 아이들로 내 자리는 북적였고, 그 안에 우진이도 있었다. 어제에 이어 계속 아이들과 똥 이야기를 했고, 우진이도 자연스럽게 이야기에 끼어들었다.

"우진이는 진짜 소똥을 봤대. 풀만 먹고 사는 소도 똥 냄새가 심하다는데 신기하지? 난 소똥 본 적 없는데 너희 중에 소똥 본 적 있는 사람?"

친척 집에서 소를 본 적이 있다는 아이가 있긴 했지만 소똥을 본 적이 있는 아이는 없었다. 우진이가 우쭐해졌다. 어제 빌렸던 책을 다 봤다며 아이들에게 설명하기도 했다. 『자연을 꿈꾸는 뒷간』(이동범 지음, 들녘)을 빌렸던 아이는 우리나라 재래식 화장실의 우수성에 대해 이야기했다. 중학생이나 된 아이들이 똥 이야기에 신이 나 어쩔 줄 몰라 했다.

"우진아! 넌 좋겠다. 시골에서 살아 봐서."

언뜻 이런 이야기도 들렸다. 그동안 얼마나 많은 가정이 지방에서 서울로 올라와 우진이네 같은 속상한 일을 겪었을까 하는 생각에 마음이 편치 않았다.

아이들과 나눈 들꽃 이야기

 쌤! 이 꽃 이름 알아요?

 나 바빠. 거기 『야생화 쉽게 찾기』 책 있지? 거기서 찾아봐.

 쌤은 맨날 바빠. 그런데 비슷비슷하게 생겨서 이것도 저것 같고 저것도 이것 같고…….

 나도 들꽃은 맨날 봐도 모르겠더라. 어디 봐. 그건 꽃마리야.

 쌤이 안 알려 주면 체육쌤한테 가려고 했어요. 체육쌤은 어린 시절에 시골에 살아서 다 안다고 했거든요.

 하긴, 다 아는 건 맞지. 내가 여쭤 봤는데 모든 식물은 이름이 딱 두 가지래. 먹을 수 있은 것, 못 먹는 것.

 에이, 뭐예요. 그런데 여기 이 책 참 예뻐요. 『강우근의 들꽃 이야기』? 저도 이거 보고 꽃 그림 그려 보고 싶어요.

 『꽃이 핀다』 라는 그림책도 봐봐.

 장난 아니네요. 와! 정말 예뻐요. 저도 이렇게 아름다운 꽃이 많은 시골에서 살고 싶어요.

『야생화 쉽게 찾기』 송기엽·윤주복 지음, 진선북스
계절별, 색깔별로 찾아볼 수 있고, 사진과 함께 소개해 꽃 이름을 알고 싶을 때 유용하다.

『강우근의 들꽃 이야기』 강우근 지음, 메이데이
도시에서 만나는 들꽃에 대한 이야기다. 아스팔트 사이에서 만날 수 있는 들꽃을 소박한 그림과 함께 잔잔하게 그려내고 있다.

『꽃이 핀다』 백지혜 지음, 보림
전통 채색 기법으로 표현한, 흔히 볼 수 있는 꽃을 색깔별로 소개하는 그림책이다.

3장

마음을 들여다보는 방법

　　　　　　　　　신기하게도 만나고 싶은 아이들은 꼭 내 앞에 나타
난다. 책도 마찬가지다. 한참 고민하던 문제에 대한 답이 들어 있는 책이 우연히 내
게 온다. 정말 우연이라고 할 수밖에 없다. 학교에서 눈이 마주친 아이 중 누구에게라
도 "너 요즘 이상하지?"라고 물어보면 "아니요?"보다는 "어떻게 아셨어요?"라는 대
답을 더 많이 듣게 되는 것과 비슷하기도 하다. 내가 찍어 맞히는 것을 보고 아이들이
더 신기해할 때면 나조차 놀라울 때가 있는데 책을 만나는 일은 이보다 더 놀라운 일
이다.
　　그래서 책을 만나는 것은 목록으로 정리할 수도, 정해진 법칙이 있는 것도 아니다.
우울한 아이에게는 실컷 웃을 수 있는 책을 주는 것도 한 방법이고, 아예 심하게 슬퍼
서 펑펑 울 수 있게 만드는 책을 주는 것도 한 방법이다. 어떤 것이 정답이라고 할 수
없고, 같은 아이라고 할지라도 상황에 따라 바뀌기 때문에 왜 이 책을 권해 주었느냐
고 물으면 결국 '그냥'이라고 대답할 수밖에 없다.
　　가장 좋은 것은 내 머릿속에 많은 책이 있어 아이가 이야기할 때 생각나는 책이
있는 것이다. 그리고 만나 본 아이가 많으면 더 좋다. 그럼 그 다음부터는 아이들도 책
도 알아서 움직인다.

그 다음은 멍석을 깔아 주어야 한다. 실컷 울 수 있게, 아니면 실컷 웃을 수 있게 바람을 잡아 주고, 하고 싶은 이야기를 끌어내 준다. 아이들과 나누는 이야기 중 마음의 상처를 함께 찾아 주는 일은 생각보다 지난한 작업이다. 청소년기가 되면 그 상처 위에 새로운 상처들이 생겨 그 밑이 썩어 들어가도 잘 모르는 경우가 있다. 그 상처를 잘 꺼내서 깨끗이 소독하지 않으면 나중에는 어떤 것이 원인이 되었는지도 모른 채 상처투성이로 살아가게 된다.

이렇게 천천히 아이들의 상처에 대한 이야기를 함께 나눈다. 처음에는 모른다고, 아니라고 하는 아이들도 남의 이야기하듯 책을 보고 함께 이야기하다 보면 자연스럽게 상처가 드러날 때가 있다. 그러면 알맞은 책을 통해 상처가 치유되는 모습까지 볼 수 있을 것이다.

자신감 없고 우울한 아이

내 옷자락을 잡고 서 있었던 정선이

 마음이 너무 급했다. 그다지 심각해 보이지도 않고, 심지어 구체적인 사건은 아무것도 일어나지 않은 소소한 여자아이들의 감정싸움 이야기를 두 시간 동안 들어 줄 여유가 없었다. 내 전화기에는 가출한 아이, 아빠에게 맞는 아이, 당장 죽어 버리겠다고 울고 있는 아이들의 문자로 가득했기 때문이다. 그러다 보니 정선이의 이야기를 듣는 동안 손은 계속 휴대전화를 만지작거렸고, 조금이라도 여유가 생기면 문자를 확인하기에 바빴다.

 "그래서요, 아무래도 반 아이들도 절 싫어하게 될 것 같아요. ○○이는 우리 반에서 친한 아이들이 가장 많은데 그 애가 싫어하면 다 말하고 다닐 거 아니에요. 죄송해요. 자꾸 눈물이 나요. 애들이랑 이야기할 때도 자꾸 눈물이 나서 애들이 이야기하자고 하면 자꾸 우니까……. 어떻게 해야 할지 모르겠어요."

아무튼 정선이의 이야기를 정리하면 반에 같이 노는 아이가 있었고 그 아이가 다른 아이를 사귀게 되어 같이 놀았는데 같이 놀다 보니 원래 같이 놀던 아이보다 새로 만난 친구가 좋고 이제 원래 친한 아이랑은 안 놀고 새로 친하게 된 친구하고만 놀고 싶은데 오히려 그 둘이 놀고 자신은 따돌리려고 할 것 같다는 그다지 복잡하지 않은 이야기였다. 이렇게 간단한 이야기를 제대로 이야기하지 못하는 것이 답답한 데다 시간도 오래 걸려서 종이에 그려서 내가 이해한 것이 맞는지를 물었다. 정선이는 크게 고개를 끄덕였다.

"선생님도 제가 답답하시죠?"

정선이가 다시 울기 시작했다.

분명 내 얼굴에 티가 났을 것이다. 정선이의 울음에 놀라서 주머니에 있던 휴대전화에서 손을 떼었다. 아이들의 아픔이 상대적이 아니라는 것을 너무나 잘 알고 있으면서 실수를 하고야 말았다.

"정선아! 내가 미안해. 네 말을 성의 있게 못 들어 준 것 같아. 한 번만 봐 주라."

그러자 정선이는 눈물을 닦고 이야기를 시작했다.

"선생님! 저 선생님 오래전부터 알고 있었어요. 선생님은 저를 여름방학 때 처음 봤다고 하셨죠? 저는 3월부터 봤어요. 처음 본 것은 도서관에서였어요. 항상 아이들이랑 어울리고 책을 추천해 주고 하시던 모습을 보고 참 좋다고 생각했어요. 그리고 다른 아이들에게 추천해 주신 책을 저도 읽었어요. 지금 저랑 노는 아이들은 책 읽는 것을 다 싫어해요. 그래서 몰래 읽어요. 집에서도 엄마는 세계명작 같은 걸 읽지 소설책 같은 건 읽지 말라고 하시거든요. 그런데 선생님이 추천하신 책 중에 세계명작은 없었어요. 소설이 많았지. 그러다 보니 집에서도 몰래 읽었어요. 처음에는 선생님이랑 책 읽은 이야기를 하고 싶었어요. 3학년 언니들처럼 독서토론도 해 보고 싶었고요. 그런데 선생님, 그거 아세요? 선생님이 어려워요. 다른 애들은 선생님이 편하다고 하는데 전 어렵기만 했어요. 선생님이 안 된다고 하시지 않을 건 알았는데……. 그래서 여름방학 때 선생님이 도서실에 계실 때 일부러 친구들이랑 거기 있었던 거예요. 그리고 갑자기 유치원 책 읽어 주기 자원봉사자가 모자란다고 하신 이야기를 듣고 계속 도서실에 있었던 거예요. 그런데 방학 동안에도 선생님은 너무 바쁘셔서 따로 이야기할 시간이 없더라고요. 사실 이렇게 우울한 상황이 되어 선생님을 만나고 싶지 않았어요. 그런데 이런 일이 일어났고 얼마 전 ○○이가 언니들이 괴롭혀서 학교에 못 다니겠다고 할 때 선생님이 해결해 주신 이야기를 들었어요. 그리고 선생님께 이렇게 연락을 드리게 된 거예요. 선생님! 죄송해요. 저 꼭 스토커 같죠?"

관심을 가져 주니 정선이는 처음보다 훨씬 조리 있게 이야기를 하기 시작했다.

"애들이 저더러 답답하대요. 그리고 항상 표정도 어둡다고 해요. 입도 튀어나왔고……. 그래서 항상 입을 내밀고 다닌다고 애들이 불만 있느냐고 그래요. 저도 제가 싫어요. 그런데 자꾸 걱정이 되는걸요. 하루 종일 걱정만 하고 살아요. 잘 때도 걱정하다가 지쳐서 자는 것 같아요. 걱정이 없는 날은 환경오염으로 지구가 멸망하는 것을 걱정할 정도라니까요. 그러다 보니 점점 표정도 어둡고 우울해지는 것 같아요. 책도 자꾸 우울한 책을 찾아 읽게 돼요."

정선이는 예쁜 얼굴이었다. 입술이 두꺼운 편인데 자꾸 입술에 침을 바르는 버릇이 있어 온통 하얗게 터 있었다. 그러다 보니 얼굴에서 입술이 눈에 띄어서 더 부루퉁한 얼굴처럼 보였던 것이다. 처음부터 정선이의 얼굴을 보지 않고 이야기했던 것이 무척 후회되었고, 저 정도라면 정선이 엄마도 알았을 텐데 싶어서 물어보았다.

"엄마는 항상 바빠요. 아침에 계시기는 해요. 남동생 학교 가는 준비하느라 얼굴은 못 보고 목소리만 들어요. 제가 일어나면 엄마는 언니의 교복을 털어 주는데, 전 제가 해요. 그리고 엄마도 일을 다니시기 때문에 잘 못 봐요. 언니랑 남동생 챙기는 것도 힘드실 거예요. 저라도 알아서 해야 하는데 사실 엄마를 많이 못 도와드리고 있어요. 엄마가 불쌍해요. 아빠도 안 도와주고. 우리 집 사람들은 모두 이기적이에요."

정선이가 찾고 있었던 것은 걱정거리가 아니라 엄마였던 것 같다. 담임선생님께 정선이 어머니에 대해 물어보니, 학부모 회의 때 잠깐 왔다가 정선이는 항상 자신의 일을 잘 알아서 하는 아이니 문제없을 것 같은데 어떠냐고 물어보고, 문제없다는 답을 듣고는 바로 언니네 담임선생님을 만나러 갔다고 한다. 나중에 다시 온다고 했지만 오지 않아서 선생님도 이상하게 생각했다고 했다. 정말 정선이는 혼자서도 잘하는 아이였다. 공부도 못하는 편이 아니었고, 교실에서 보면 친구들과 문제가 있어 보이지도 않았다. 오히려 친구들의 눈치를 보며 맞추어 주려고 했다.

정선이의 이야기를 듣고 너도 엄마가 필요한 나이라고 이야기해 주었다. 엄마한테 미안해하지 말고 엄마 얼굴을 보고, 엄마에게 안길 필요도 있다고 했다. 그렇지 않으면 계속 걱정거리를 찾아다닐 수밖에 없다는 이야기도 해 주었다. 또, 담임선생님에게도 정선이에게 칭찬을 많이 해 달라고 부탁했다. 중학교 3학년인 언니와 초등학교 1학년인 남동생만큼 정선이도 관심을 받아야 할 아이였다. 그런데 나 역시 상대적으로 급한 아이들에게 초점이 맞추어져서 내게 다가오고 있는 정선이를 못 보고 있었던 것이다. 손가락이 부러진 아이에게 팔이 부러진 아이가 있으니 넌 아픈 것도 아니라고 할 수 있을까?

요즘은 정선이가 원하는 것을 해 주고 있다. 선생님이 바쁘실 테니 시간을 내서 만나는 것은 바라지도 않는다고 했다. 자신이 좋아하는 우울한 책을 읽고 문자를 해 주는 것만으로도 충분하다고 했다. 문자도 내게 방해될까 봐 시작할 때 몇 분까지만 한다고 정해 두고 문자를 한다.

요즘 정선이의 표정이 많이 밝아졌다. 그 이유는 내 립글로스를 발라 주었기 때문이다. 그 작은 변화 하나가 아이의 인상을 바뀌게 했다. 정선이도 거울을 보고 꽤나 만족하는 눈치였다.

'정선아! 네가 행복해야 남들도 행복해지는 거란다.'

> 아이들과 읽은 우울한 책

❊ 『마당을 나온 암탉』 황선미 지음, 김환영 그림, 사계절출판사

저 이 책 애니메이션으로 봤어요. 책이 훨씬 나아요!

처음에 이 책을 읽었을 때는 정말 많이 울었어. 그런데 이 책은 뭘 이야기하는 걸까?

모성의 승리? 뭐 그런 게 아닐까요? 다 읽고선 막 울었어요. 이런 엄마는 못 될 것 같지만 이런 신념을 가지고 살고 싶어요.

• 닭장에서 살던 암탉 잎싹이 용기를 내어 닭장을 뛰쳐나와 알을 품고 자신만의 새끼를 키우겠다는 소망을 이루는 과정을 감동적으로 그린 동화이다.

❊ 『당나귀 귀』『난 죽지 않을 테야』『이별처럼』
쎄르쥬 뻬레즈 지음, 문병선 그림, 박은영·김주경 옮김, 문원

와! 이렇게 끝까지 우울한 책은 처음이에요. 세 권이 다 우울해요. 희망 따위는 없어요.

그렇지? 어쩜 레이몽은 만나는 사람마다 그 모양이지?

그 심정 이해 가요. 그럴 때 있어요. 담임도 거지 같고, 반 애들도 싸가지고, 엄마, 아빠도 최악일 때가 있어요. 그런데 신기한 게, 그럴 때 이런 책 읽으면 우울하긴 한데 마음이 가라앉는 것 같아요. 차분해진다고 할까?

그게 문학의 힘이 아닐까? 문학에는 치유의 힘이 있거든.

• 프랑스 작가 쎄르쥬 뻬레즈의 3부작 청소년 소설. 집과 학교에서 따돌림당하고, 학대받는 아이 레이몽의 이야기를 담담하면서도 적나라하게 보여 주고 있다.

아이들과 읽은 우울한 책

❖ 『아름다운 나의 정원』 심윤경 지음, 한겨레출판

 정말 등장인물을 그렇게까지 해야 하는 거야?

 저, 쌤이 무슨 말하는지 알아요. 동생이······.

 쉿! 스포일러야. 이거 읽을 애들이 있으니까. 이럴 때보면 작가가 잔인하다는 생각이 들어.

 근데 이렇게 문학작품으로 예방주사를 맞는다고 생각해요. 저한테 비슷한 일이 일어났을 때 좀 덜 당황하게 말이죠.

● 난독증을 앓고 있지만 착하고 가족을 사랑하는 소년 동구의 눈을 통해 가족의 삶과 그 시대의 풍경을 섬세하고 따뜻하게 그려낸 소설이다.

❖ 『밥이 끓는 시간』 박상률 지음, 사계절출판사

 막장 드라마 보는 것 같아요. 욕하면서 보고, 울면서 보고······.

 박상률 선생님 소설이구나. 음······ 무슨 이야기인지 알 것 같아.

 지지리 궁상! 이 분 책을 몇 권 읽었는데 다 이런 내용 같아요.

 청소년 소설을 많이 쓰신 분인데 그렇지 않은 소설도 많아.

● 가난하지만 가족과 함께여서 행복한 소녀 순지가 거듭되는 혹독한 불행을 겪으면서도 희망을 잃지 않고 성장해 가는 과정을 그린 청소년 소설이다.

자신을 마주하기 시작한 아이

책을 읽기 시작한 진아

오늘도 진아의 기분은 좋아 보이지 않는다. 엄마는 우울증 치료를 받기 시작했고, 아버지도 술을 줄이시고 노력하고 있다고 하는데 진아가 변한 것은 하나도 없다. 여전히 우울하고, 갑자기 날카로워져서 아이들과 말다툼을 계속했다. 진아의 이런 기분 때문에 나 역시 진아와 이야기 나누기가 편하지 않았다. 게다가 날씨라도 좋지 않으면 진아의 기분은 더 우울해져 아이들의 표현에 의하면 진아 주위에만 가도 '어둠의 아우라'가 느껴질 정도였다. 진아는 나와 일 년 이상을 만나면서 무언가를 부탁하거나, 진행되는 많은 프로그램에 먼저 신청한 적이 없었다. 항상 친구들이나 내가 권하면 마지못해 하는 척했다. 그게 마음에 걸려 이번 여름 캠프는 권하지 않았더니 자신이 얼마나 여름방학 때 할 일이 없는지, 자신이 잘 할 수 있는 것은 무엇인지를 이야기하기 시작했다. 그리고 책을 한 권씩 빌려 가기 시작했다. 그것도 아이들과 이야기를 나누고 책을 빌려 주는 것을 곁에서 지켜본 지 일 년 만의 일이었다. 물론 진아가 바로 책을 빌려 달라고 하지는 않았다.

"담임선생님께서 아침마다 10분 독서를 하라고 하시는데 어떤 책을 읽어야 할지 모르겠어요."

"교실마다 책 있잖아. 거기 재미있는 책 많은데……."

"뭐가 재미있는지 모르겠고요. 다 별로예요."

이 정도면 내게 책을 추천해 달라는 이야기인데 괜히 장난을 걸고 싶어서 도서실에서 빌려 보는 건 어떤지 물었더니 이상하게 도서실에서 빌리기만 하면 연체가 된다고 했다. 진아에게 필요한 것을 정확히 이야기하도록 가르쳐 주고 싶은 욕심은 이쯤에서 양보하고 요즘 연애하고 싶다는 이야기를 자주한 것이 생각나서 『호기심』을 빌려 주었다. 단편이라 짧은 아침독서 시간에 읽기도 좋을 것 같아서였다. 그리고 다른 아이들보다 훨씬 더 자세히 책 이야기를 해 주었다. 줄거리도 들려주고, 작가 이야기, 이 책을 읽은 다른 아이들의 반응까지 이야기해 주었다.

진아가 책을 다시 가지고 온 것은 그 다음 날 방과 후였다. 목소리가 들떠 있었다. 곧 비가 올 것 같은 우울한 날씨였는데도 표정이 밝았다.

"다 읽었어요. 재미있어서 수업 시간에도 몰래 읽었어요. 책이 이렇게 재미있는지 몰랐어요. 이런 책으로 또 추천해 주세요. 저, 책 한 권 다 읽은 건 처음인 것 같아요."

뿌듯해하는 진아만큼 나 역시 뿌듯했다. 급히 해야 할 일이 있었지만 바로 일어나서 책꽂이로 가 책을 꺼내서 소개해 주었다.

"『개를 훔치는 완벽한 방법』(바바라 오코너 지음, 신선해 옮김, 놀)은 장편이야. 좀 두꺼워 보이기는 하지만 재미있게 읽을 수 있어. 사실 무척 우울한 이야기 거든. 아빠가 크게 빚을 지고 도망가자 엄마랑 딸이랑 아들이랑 하루아침에 살 집도 없이 쫓겨나게 되지. 엄마한테는 차가 있어서 세 명은 그때부터 차에서 생활하게 돼. 딸이 주인공인데 어떻게 먹고살지 고민하다가 부잣집 개를 훔친 후 사례금이 걸리면 돌려주는 방법을 생각해 낸 거야. 그리고 '개를 완벽하게 훔치는 방법'을 고민한다는 이야기야. 정말 우울한 이야기인데 읽고 있으면 유쾌해져."

진아는 이 책을 빌려 갔다. 그리고 일주일이 지나도 돌려주지 않았다. 일부러 읽고 있는지, 다른 책으로 바꿔 줄지 물어보지 않았다. 좀 더 쉬운 책으로 권할 걸 그랬다는 후회가 들긴 했다. 하지만 그럴수록 진아 앞에서 아이들과 책 이야기를 많이 나누고, 책을 권해 주는 일을 열심히 했다. 일주일이 조금 지나서 진아는 책을 가지고 왔다.

"이 책 재미있었어요. 그런데 제게는 무리였던 것 같아요. 너무 길었어요. 전 짧은 책이 맞나 봐요. 그래도 이렇게 긴 책을 다 읽은 건 처음이니 좋아요."

이번에는 진아와 책 이야기를 나누어 보았다. 우울한 기분은 항상 사람을 더 우울하게 만들고, 주변도 같이 우울하게 만든다는 이야기를 하면서 진아는 우울증도 전염병인 것 같다고 했다. 요즘은 두 동생들도 같이 우울해져 간다는 것이다.

다음으로 선택한 책은 『열네 살』(다니구치 지로 지음, 양억관 옮김, 샘터사)이었다. 조금 쉬운 책으로 권해 달라고 했는데 마침 이 책이 눈에 띄었다. 그림이 정말 여느 만화책 같지 않게 정교하고 예술적이지 않으냐며 간단한 줄거리를 호들갑스럽게 이야기해 주었고, 진아는 나의 책 추천 방법이 싫지 않았는지 내게 책 장사를 해도 되겠다며 한껏 치켜세워 주었다. 며칠 뒤, 늦은 밤 진아에게서 문자가 왔다.

저도 절 위해 살아 보려고요. 싫은 건 싫다고 이야기하고…….

다른 아이들은, 보통 이 책을 아들의 심정으로 읽게 되는데 진아는 아버지에게 감정이입을 했다고 한다. 집이 너무 싫고 무섭고 감당하기 힘들어서 나가 버리고 싶은 적이 한두 번이 아니었다. 그런데 첫째라서 아버지도, 엄마도, 두 살, 열 살 차이 나는 동생들도 다 이해하려고 했다. 아니, 이해라기보다는 무조건 맞춰야 한다고 생각했다. 우울증이 심한 엄마를 대신해 동생은 진아가 거의 키우다시피 했다. 자기주장이 강한 둘째에게는 아무것도 맡길 수가 없었다. 집안이 시끄러워지는 것이 싫었고 그냥 자신이 참으면 그만이라고 생각했다. 아이들은 모르겠지만 진아는 학교에서 무척 많이 참다 한 번씩 터트린 것이다. 이유 없이 화낸 적은 한 번도 없다. 사실 요즘 계속 어떻게 죽어 버릴까 고민 중이었다. 인생이 전혀 좋아질 것 같지 않기 때문이다. 그런데 책을 읽으면서 다른 생각이 들었다. 뭐라고 정확하게 설명하기는 힘들지만 그냥 살아 보는 것도 괜찮겠다는 생각이 들기 시작했다.

꽤 오랜 시간 문자를 주고받으며 진아가 예전과 많이 바뀌었음을 알 수 있었다. 그 뒤 일주일에 한 번 정도는 계속 새로운 책을 추천해 주고 있다. 그리고 책에 나오는 인물에 대해 흥분하며 큰 소리로 이야기하고 환하게 웃는 모습도 예전보다 자주 볼 수 있게 되었다.

이제 진아는 다른 사람에 비추어 자신을 보지 않고 자신을 바로 보기 시작했다. 그러면서 친구들에게도 싫다는 의사 표현을 제대로 하기 시작했다.

책을 읽기 시작한 청소년에게 권하는 기본적인 책

 대한민국 청소년이라면 이 정도 책은 읽어야지 싶은 책이 있을까?

 글쎄요. 아, 쌤들이 수업 시간에 그런 이야기를 하신 건 들었어요. "너희 정말 『어린왕자』도 안 읽은 거야?" 하는 거요.

 맞아요. 『어린왕자』를 아는 아이들은 있지만 읽은 아이들은 몇 명 안 될걸요.

 넌 읽었을 것 같은데? 어땠어?

 처음엔 장미가 중요하다고 생각했는데 얼마 전에 읽었을 때는 어린왕자가 지구에 오기 전에 별을 돌아다니며 만난 사람들이 새롭게 보이더라고요.

 그래서 책은 시간을 두고 여러 번 읽어야 하나 봐. 그런데 또 그런 책이 뭐가 있지?

 『오즈의 마법사』, 『걸리버 여행기』, 『빨간 머리 앤』 뭐 이런 것이 상식인 책들 아닐까요?

 그거 동화책 아냐?

 사실 그런 책들은 원래 아이들을 위한 책이 아니었어. 요즘은 청소년도 읽을 수 있도록 번역했더라. 나도 읽어 봤는데 완전히 다른 느낌이야. 너 걸리버 여행기에서 '말의 나라' 들어 봤어? 그리고 오즈의 마법사에서 양철 나무꾼이 원래는 사람이었던 거 알아?

 그렇구나. 다시 읽어 봐야겠어요.

> 책을 읽기 시작한 청소년에게 권하는 기본적인 책

 우리나라 작품으로는 「소나기」, 「운수좋은 날」 같은 단편소설을 상식이라고 하지 않나요?

 국어 시간에나 읽을 만한 소설인데 그런 소설이 왜 상식인지 모르겠어요. 재미도 없던데……. 옛날이야기고.

 시험에 나오잖아. 어쩔 수 없지, 뭐.

 좋은 소설인데 공부로 취급당하고 미움받는다니 마음이 아프군.

『어린왕자』 앙투안 드 생텍쥐페리 지음
사막에 불시착한 비행사가 별에서 온 어린 왕자를 만나 인생과 우정 등 다양한 의미를 배우게 되는 과정을 그린 소설이다.

『오즈의 마법사』 라이먼 프랭크 바움 지음
캔자스에 살던 소녀 도로시가 회오리 바람에 실려 오즈의 나라에 오게 되고 다시 집으로 돌아가기 위해 '오즈의 마법사'를 찾아가는 과정에서 겪는 모험 이야기다.

『걸리버 여행기』 조너선 스위프트 지음
걸리버의 다양한 모험을 흥미 있게 그렸다. 거인국인 브롭딩낵 기행과 소인국인 릴리 퍼트 기행, 하늘을 나는 섬의 나라 라퓨타 등 다양한 이야기들이, 넘치는 풍자와 함께 실려 있다.

『빨간 머리 앤』 루시 M. 몽고메리 지음
주근깨 많은 빨간 머리 고아 소녀 앤이 마릴리와 머슈 아저씨를 만나 가족을 이루면서 자라는 이야기를 그려낸 동화다. 어렵게 자랐지만 상상력이 풍부하고 낙관적인 성격을 가진 앤의 이야기가 읽는 이에게 큰 재미와 감동을 준다.

「소나기」 황순원 지음
소나기가 오는 날 만난 소년과 소녀가 서로 마음을 주고받고 이별을 맞이하게 되기까지의 과정을 순수하고 아름답게 그려낸 황순원의 대표적인 단편 소설이다.

「운수 좋은 날」 현진건 지음
아픈 아내를 가진 인력거꾼이 이상하게 운수 좋게 많은 돈을 번 날 아내의 죽음을 맞이하게 된다는 이야기를 그 시대 풍경과 함께 해학적이면서 가슴 아프게 그려낸 단편 소설이다.

가족의 의미를
고민하는 아이

가족이 너무나 미운 희연이

금요일에는 학교에서 지원한 아이들과 함께 지역아동센터에 북아트 자원봉사를 간다. 아침부터 희연이 얼굴이 잔뜩 부어 있다. 기분이라도 좀 바꿔 줄 생각으로 농담을 걸어 보았다.

"뭐야? 어제 밤새도록 남자친구랑 문자하느라 못 잤구나!"

이런 질문에는 대개 "아니에요."라는 대답이 나온다. 그런데 희연이의 대답은 "네."였다.

"오빠도 저도 어제 부모님 때문에 너무 속상해서 밤새 문자했어요. 그런데 어떻게 아셨어요?"

내가 모르는 게 어디 있느냐며 웃어 넘겼다. 하지만 계속 마음에 걸렸다. 일단 자원봉사를 끝내고 이야기를 더 해 볼 생각이었다. 항상 착한 딸이었던 희연이가 올해 들어 갑자기 불만이 많아졌다는 이야기를 우연히 학교에 왔다가 만난 희연이 어머니에게 들은 적이 있다.

　오늘 초등학교 저학년을 대상으로 하는 북아트 만들기 수업은 '성(城)' 만들기였다. 『울타리를 없애야 해』(보리 지음, 마장박 스튜디오 그림, 보리)와 『유럽의 성 이야기』를 함께 보고 사람들은 성을 만들어 놓고 무엇을 지키려고 했는지 등의 이야기를 나누어 보았다. 수업을 시작하기 전에 우울해 보였던 희연이는 아이들에게 보여 줄 샘플을 만들면서 기분이 좋아 보였으며 아이들을 만나자 성을 만드는 법을 신 나게 설명하고 웃을 정도가 되었다.

　"자! 이제 이 성 안쪽에는 자기가 지키고 싶은 것을 써 넣는 거야. 잘할 수 있지?"

　"누나가 만든 것 좀 보여 주세요. 전 소중한 게 뭔지 잘 모르겠어요."

　"사람마다 다른 거니까 쉽게 생각해. 난 휴대전화, 친구, 일기장……."

　"누나, 가족은 왜 없어요? 가족이 가장 중요한 거잖아요."

　"그래? 왜 그렇게 생각해? 난 가족이 없었으면 좋겠는데……."

　뭔가 이야기가 이상한 곳으로 가고 있었다. 초등학교 1학년 아이는 멀뚱한 표정이 되어 나를 쳐다보았다. 사람마다 소중한 것은 다를 수 있다고 아이에게 이야기해 주고는 희연이와 눈이 마주쳤다.

　"그렇잖아요. 그냥 혼자서도 잘 살 수 있을 것 같은데……."

　우선 수업을 계속 진행하였다. 초등학생들도 곧 만들기에 집중했으며, 희연이도 아이들의 질문에 잠시 굳었던 표정이 풀어졌다.

　아이들이 성을 만드는 동안 지역아동센터 책꽂이에서 중세시대가 나오는 책을 찾아 전시해 두었다. 그리고 아이들에게 지킬 것이 점점 더 많아지면 성을 더 크게 만들고, 결국 전쟁이 일어날 수도 있다는 이야기를 덧붙였다. 희연이는 유네스코 세계문화유산으로 지정되어 있는 프라하 성을 유심히 살펴보더니 자신이 만든 성을 좀 더 꾸미기 시작했다. 아이들은 희연이가 만드는 것을 숨죽여 보다가 창문을 만들어 달라며 희연이 앞으로 자신들이 만든 성을 슬쩍 들이밀었다. 그렇게 희연이는 거의 모든 아이들의 성에 창문을 만들어 주느라 바빴다.

수업의 마무리로 『엄마 까투리』를 읽어 주었다. 까투리 새끼들에게는 죽은 엄마도 든든한 성이 되었다는 말을 덧붙여 주었다. 초등학생들은 슬프다고 했고, 자원봉사를 한 중학생들도 마음이 아프다고 했다. 그렇게 만족스러운 수업을 끝내고 학교로 돌아가는 길이었다. 집으로 돌아가도 되는데 짐을 들어 준다며 희연이가 내 옆에서 걸었다.

"우리 엄마가 그 엄마 까투리였다면요……. 막내만 물고 날아갔을 것 같아요."

희연이는 가족이 너무 싫다고 했다. 아침에 일어나서 얼굴을 보는 것도 싫고 방문 밖에서 목소리가 들리는 것만으로도 소름이 끼친다고 했다.

희연이는 평소에 조금 우울해 보이기는 하지만 잘 웃고 아이들과도 잘 지내는 편이다. 동생이 둘이나 있어서 아이를 잘 본다며 자원봉사를 하게 해 달라고 한 것을 기억하기에 동생들과의 관계도 좋은 줄 알았다. 하지만 희연이 이야기로는 가족들에게 자신은 진심이었지만 동생이나 부모님은 아니었다고 했다. 그리고 이제는 자신도 더 이상 참을 수가 없다고 했다.

"우리 가족은 다 이기적이에요. 제가 착하니까 다 절 이용하는 것 같아요. 이제 그렇게 살지 않으려고요. 동생들도 절 무시하고, 부모님도 심부름은 다 저한테만 시키고……."

희연이가 살짝 소매를 걷고 팔뚝을 내 앞에 내밀었다. 시퍼렇게 멍이 들어 있었다.

"아빠, 엄마 모두 저만 때려요. 뭔가 잘되라고 하는 것 같지 않고 그냥 화

풀이하는 것 같아요. 그 정도는 구분할 줄 알잖아요. 어려서부터 엄마, 아빠랑 워낙 닮아서 주워 왔다는 생각은 안 해요. 하지만 "열 손가락 깨물어 안 아픈 손가락 없다."고 해도 제 생각에는 분명 덜 아픈 손가락이 있을 거예요. 그리고 우리 엄마, 아빠는 그 손가락을 너무 깨물어서 이제는 감각도 없어진 상태가 된 것 같아요."

희연이 말대로 아이들은 잘 알고 있다. 어른들의 폭력이 자신을 위한 것인지 아닌지를 말이다. 오히려 자신을 위한 것이라고 믿는 아이들은 그것을 합리화하기 위해서 더 큰 폭력에 노출되기도 하니 희연이처럼 정확히 인지하는 것이 다행일 수도 있다. 그렇다면 답도 스스로 알고 있지 않을까?

"치사하지만 스무 살까지는 그냥 이렇게 살아야죠. 하지만 이제는 더 이상 이용당하지 않고 똑똑하게 살아 보려고요."

희연이가 잘못 생각하고 있을지도 모른다. 부모님은 정말 희연이를 사랑하지만 사는 것이 힘들어서 표현을 제대로 못할지도 모른다. 동생들에게도 희연이가 없어서는 안 될 소중한 존재지만 편하게 생각하다 보니 버릇없이 굴었는지도 모른다. 그래도 나는 이번만큼은 이런 이야기들을 희연이에게 해 주지 않았다. 그냥 시간을 좀 내서 희연이의 이야기를 들어 주었다. 그리고 힘껏 고개를 끄덕여 주고, 이야기를 마쳤을 때 시원한 아이스크림을 함께 먹으며 다음 주 수업 준비를 함께하는 것으로 그날의 만남은 접었다.

"선생님, 전 까투리 엄마 같은 엄마는 안 될 거예요. 아니, 그냥 결혼 안 하고 연애만 하고 살까 봐요. 가족은 아무리 생각해 봐도 누군가의 희생이 필요한 것 같아요."

> 성 만들기 수업에 활용한 책

자! 각자 고른 책으로 수업을 어떻게 했는지 들어 볼까?

제가 찾은 책은 『유럽의 성 이야기』인데요. 앞부분은 동화가 있고, 뒷부분에는 만화나 상식 같은 것이 있어요. 앞에 '기사학교 이야기'를 아이들이랑 같이 읽었는데 남자아이들은 썰렁하다고 했고, 여자아이들은 재미있다고 했어요. 뒷부분 상식 쪽은 여자아이들은 관심 없고, 남자아이들은 열심히 보더라고요.

전 『중세의 파수꾼 성』인데요. 성의 여기저기를 열어 볼 수 있어요. 그런데 서로 열겠다고 하다가 찢어졌어요. 여느라 정신이 없어서 안에 내용도 잘 안 보고……. 아무튼 산만했어요.
앞으로 팝업북이나 플립북 같은 책은 같이 보는 거 금지예요.

우리 조는 『프리즐 선생님의 신기한 역사 여행 ② 아널드, 중세의 성을 지켜라』였어요. 『신기한 스쿨 버스』를 알고 있는 아이들이 많아서 재미있었어요. 다른 편 이야기를 해 주는 아이들도 있었고요.

우리 조는 『교과서에 나오는 유네스코 세계 문화유산』이란 책이었는데 사진이 많아요. 아이들도 어떤 건 본 적이 있다며 내용을 읽기도 했어요. 이렇게 집중하면서 수업한 건 처음이었어요.

『유럽의 성 이야기』 파니 졸리 지음, 세르주 블로흐 그림, 홍은주 옮김, 삼성당아이
재미있는 이야기와 함께 유럽의 화려한 성 내부, 생활 방식, 성에 사는 사람들의 일과와 음식을 소개해 준다.

『중세의 파수꾼 성』 케이티 데인스 지음, 데이비드 핸콕 그림, 곽영미 옮김, 시공주니어
서양 중세 성의 구조와 그 안에서 벌어지는 일을 플랩을 열면서 하나씩 볼 수 있는 책이다. 영주의 화려한 만찬부터 기사들의 흥미진진한 시합, 성을 지키기 위한 전투까지 만날 수 있다.

『프리즐 선생님의 신기한 역사 여행 ② 아널드, 중세의 성을 지켜라!』
조애너 콜 지음, 브루스 디건 그림, 장석봉 옮김, 비룡소
'신기한 스쿨 버스'의 새로운 시리즈다. 성의 역사와 구조 등을 배우고, 영주, 귀부인, 기사, 농민 등을 만나 그 당시 사람들의 생활을 생생하게 들어 본다.

『교과서에 나오는 유네스코 세계 문화유산』 이형준 지음, 시공주니어
초·중·고 교과서에 수록된 대표적인 유네스코 세계 문화유산을 전문 사진가가 찍은 현장감 넘치는 사진과 실감 나는 경험, 상세한 정보와 함께 소개한다.

자기애가 부족한 아이

하고 싶은 이야기가 있었던 수연이

　　　　　내 책상 위에는 항상 소설책들이 꽂혀 있다. 나를 만나러 온 아이들 중 그 책에 관심을 보이는 아이들이 제법 있다. 수연이도 그런 아이 중 하나였다. 들릴 듯 말 듯한 목소리에 항상 표정이 어두워 보이는 수연이. 책을 많이 읽는 아이라는 것을 알았기에 수연이와 책 이야기를 나누어 보고 싶었다. 심심하다며 내 책꽂이에 있는 책을 다 가져다 읽을 정도로 책을 좋아했고, 1교시에 빌려 간 책을 틈틈이 읽었다며 5교시에 가져다줄 정도로 책 읽는 속도가 빨랐다. 그런데 항상 내가 책에 대해 물어보면 "재미있네요."라고 대답하거나, 이런 부분은 나는 이렇게 생각한다고 하면 "그렇게 생각할 수도 있겠군요."라는 정도로 대답해 버리니 대화가 이어지지 않았다. 그래도 항상 나와 같은 책을 읽고 있는 사람이 있다는 것이 왠지 모르게 든든했다. 그런 수연이와 처음으로 이야기를 오래 나누게 된 것은 휴대전화에서였다. '카카오스토리'에 아이들과 이야기 나누고 싶은 책을 올렸고, 아이들은 나름대로 댓글을 달기 시작했다. 그 첫 책이 『개 같은 날은 없다』였고, 간단한 줄거리를 이야기해 주니 아이들은 흥미를 느끼며 꼭 읽어 봐야겠다고 했다. 수연이에게 문자가 온 것은 꽤나 늦은 밤이었다.

『개 같은 날은 없다』 빌려 주세요!
시작이 좀 끔찍한데 괜찮겠어?
사는 게 더 끔찍하죠.
이런, 네게도 개 같은 날이 있나 보구나.
개 같기만 하면 다행이게요…….
헉! 이렇게 우울할 때가…….
요즘 그냥 우울해요. 『손톱이 자라날 때』 기억나세요?
저도 그냥 그렇게 벽 속으로 들어가 버렸으면 좋겠어요.
넌 그 아이처럼 교실에서 없는 듯이 지내는 아이가 아니잖아.
제가 최선을 다해 노력해서 이 정도로 어울리는 거예요.
조금이라도 놔 버리면 바로 벽이 될 걸요.
이제 아이들의 유치한 말에 맞장구치기도 힘들어요.
내가 너를 벽으로 만들지 않을 테다! 네가 그렇게 아이들과 맞추는 게 불편하면 아이들도 그 불편함을 느끼지 않을까? 그래서 너도 계속 힘들고.
아이들은 다 착해요. 그래서 걔네들도 공포에 떨고 있을 거예요.
언제 이 집단에서 떨어져 나갈지 모른다는 공포 말이죠.
전 이제 뭐가 무서운지 모르겠어요. 혼자 다니는 것도 안 두려운데…….

수연이가 갑자기 자기 이야기를 풀어놓기 시작했다. 새벽까지 문자를 주고받았는데 이 이야기를 처음 듣는 것 같지 않았다. 내게 이야기는 하지 않았지만 책을 빌려 가고, 다시 돌려주며 수연이는 이런 이야기들을 온몸으로 말하고 있었다. 왜 그때는 알아듣지 못했을까? 그리고 왜 지금 그 아이의 이야기들이 한꺼번에 밀려드는 것일까? 새벽까지 곰곰이 생각해 보다가 수연이와의 대화를 다시 읽어 보았다.

> 내일 아침에 일어나면 아마 지금 쌤이랑 나눈 대화가
> 너무 찌질했다는 것 때문에 속상할 것 같아요.
> 밤이니까 다 이해해. 그리고 내 앞에서 좀 찌질하면 안 되나?
> 그렇네요. 쌤이니까. 내일 일찍 오세요. 저도 일찍 갈게요.

아침에 만난 수연이는 평소와 같았다. 내게 어제 빌려 간 『오, 나의 남자들!』을 돌려주었다. 평소처럼 어땠는지 물어보았더니 재미있었다고 했다. 웃겨 보려고 우리 학교에는 왜 잘생긴 남자들이 없는지 투덜거렸더니 수연이가 갑자기 "제가 얼굴을 지적할 형편은 안 되잖아요."라고 한다. 공부도 잘하고, 책을 많이 읽어 아는 것도 많은 수연이가 저런 말을 할 줄은 몰랐다. 수연이의 목소리가 너무 쓸쓸해서 도저히 농담으로 들리지 않았다.

수연이는 모르는 사람이 한 번 보면 기억에 잘 남지 않을 정도로 특징 없이 생겼다. 하지만 나는 수연이의 보조개가 어느 누구보다도 예쁘다는 것을 안다. 그래서 수연이를 보면 자꾸 웃겨 주고 싶어진다. 수연이가 『오, 나의 남자들!』을 바로 내게 주지 않고 계속 만지작거리고 있었다. 뭔가 하고 싶은 말이 있는 것 같았다.

"청소년기에는 다들 금영이처럼 아버지에 대한 배신감을 한 번씩 느끼는 것 같아요."

"초등학교 때까지는 크고 대단해 보였던 부모님이 중학교 들어와서는 조금씩 약해 보이는 거겠지?"

"그러면서 어른이 별거 아니라는 것도 느끼고 아이들도 어른이 되어 가는 거겠죠?"

"넌 이 책을 보면서 정말 어른스러운 생각을 했구나. 난 고등학교 때 생각이 나더라고. 나도 남녀공학 다녔으면 어땠을까? 강동원 같은 사람이 있기나 했을까? 그나저나 요즘 우리 학교 애들 이성 친구 많이 사귀는 것 같던데?"

"네, 갑자기 많이 사귀는 것 같아요. 은정이는 카톡 대화명에 '나도 남친 있었으면'이라고 올렸잖아요."

"나도 봤어. 올린 지 정말 오래되었는데 아직도 안 생기다니……. 이제 좀 내리지."

"사실 저…… 그렇게 이야기할 수 있는 은정이가 부러워요. 은정이는 예쁘잖아요. 자신 있으니 그렇게 올린 거 아닐까요? 이 책 읽으면서 약간 배신감 같은 거 느꼈어요. 제목만 보고 정말 읽고 싶지 않은 책이었는데 선생님이 재미있다고 하셔서……. 그리고 평범한 아이라고 했잖아요. 그런데 날씬하고 예쁘니까 결국 가장 인기 있는 학교 선배가 금영이를 좋아한 것 같아요."

"잘생긴 애들은 자기가 잘생겼으니 얼굴은 안 볼 수도 있잖아."

"그래도 저 정도는 아니겠죠. 저…… 저도 연애하고 싶어요!"

다른 아이들이 들어오자 수연이는 민망했는지 얼른 자리를 떴다. '연애하고 싶다'는 이야기를 하기 위해서 참 많이 돌아왔다. 자기가 하고 싶은 이야기를 하는 것이 아니니 다른 사람 이야기 같았고, 이야기도 이어지지 않았다고 생각했다. 요즘은 주위에서 연애 이야기를 많이 하는데 여자는 외모, 남자는 능력이라며 상품성을 따지는 것처럼 관계를 정리하고 있다. 그러면서 당연한 감정들을 왜곡시키고 있다는 생각을 지울 수 없었다. 그날 밤 수연이에게 문자가 왔다.

저 연애하고 싶다는 거 비밀이에요.

이런, 그게 창피한 거야?

애들이 욕할 거예요.

많은 아이들이 연애하고 싶어 해. 좀 더 드러내서 이야기하면 아이들도 좋아할 것 같아. 그럼 벽이 되지 않아도 괜찮잖아. 다른 아이들도 네가 자신들과 다르게 말하면 부담스럽지 않을까? 연애하고 싶은 것은 자연스러운 일이야. 그게 얼마나 자연스러우면 대중가요 가사가 대부분 사랑 이야기고, 많은 예술 작품들이 사랑을 표현하려고 애쓰겠니? 물론 난 아이들에게는 이야기하지 않을 거야. 안심해. 그리고 넌 누구보다도 보조개가 예쁘니 많이 웃는 거 명심하고.

연애하고 싶어지는 책

❖ 『우리 반 인터넷 소설가』 이금이 지음, 이누리 그림, 푸른책들

이 책 봤어요? 대박이에요.
끝이 좀 허무하긴 했는데 나름 괜찮아요.
정말 이런 일이 있을까요?
못생긴 여자아이가 킹카를 사귀는 것.

얼마 전에 『첫키스는 엘프와』라는 책을 봤는데
그 책도 소문이 현실이 되어 킹카랑 사귀는 이야기던데.
요즘 이런 이야기가 유행인가?

맞아요. 다들 그런 상상 해 보잖아요.

● 평소 무던하게 지내던 봄이의 무단결석이 의아하던 담임선생님은 누군가 자신의 책상 위에 두고 간 미스터리한 글을 읽으면서 봄이를 둘러싼 숨겨진 사건을 차차 알아가게 된다. 외모지상주의에서 출발한 집단 따돌림과 그 안에 미묘하게 감춰진 아이들의 심리를 엿볼 수 있는 청소년 소설이다.

❖ 『오, 나의 남자들!』 이현 지음, 문학동네

제가 드라마를 많이 봐서 그런지 이 책 보면서
남자 캐릭터들을 막 캐스팅해 본 거 있죠.
저도 연애하고 싶었어요.

그래, 이번엔 멀쩡한 남자 좀 만나라.

이제 남자 안 만나려고 했는데
이 책을 읽으니 고민이 좀 되긴 했어요.

● 열입곱 여고생 나금영의 악전고투와 그녀가 만나고 사랑했던 남자들의 이야기를 그리고 있다. 전문계 고등학교를 배경으로 금영과 단짝 친구들의 사연이 다양한 유행가 노랫말과 함께 펼쳐진다.

감정 표출이 어려운 아이

주변 사람들이 한심하다는 지호

지호는 나와 만나기로 약속한 시간보다 20분이나 빨리 와 있었다. 휴대전화 게임을 하고 있다가 내가 인사를 하자 휴대전화를 주머니에 넣고 의자를 바짝 당겨 앉았다. 지호의 얼굴에는 표정이 없었다. 지난 시간에 있었던 이야기부터 시작해야 할지, 아니면 앞으로 우리가 만날 이야기부터 해야 할지 잠깐 고민했다.

지난 주, 쉬는 시간에 지호가 자신을 놀리던 여자아이들을 죽여 버리겠다고 교무실에서 커터 칼을 들고 나가는 것을 말린 일이 있었다. 다행히 교무실 밖으로 나가지 않았고, 회의를 통해 여자아이들과 지호에게 일주일 동안 교육을 시키기로 하면서 나름대로 마무리가 되었다. 하지만 그 일주일 동안 지호에게서 반성의 기미는 보이지 않았고 자신의 어떤 이야기도 하지 않았다. 선생님들은 답답해하며 내게 지호를 만나 줄 것을 부탁했고, 우리가 평소 지나가면서 인사 정도는 하는 사이라서 그랬는지 지호는 다행히 우리의 만남을 거부하지 않았다. 우리가 단둘이 처음 만난 날은 눈이 많이 내렸다.

"길이 미끄러워서 어떻게 학교에 왔는지 모르겠어. 미끄러지지 않으려고 긴장하고 왔더니 온몸이 다 쑤시는 것 같아."

"저는 절대 안 미끄러져요."

"이런, 난 빙판길이 아니어도 잘 넘어지는데 어떤 비법이 있는 거야?"

"평소에 운동해서 그래요. 어려서부터 꾸준히 태권도를 했거든요."

"멋지다. 지난번에 보니 책도 잘 읽던데. 난 책 이야기 나누는 거 정말 좋아하거든. 너랑 책 이야기하고 싶었어. 괜찮지?"

"책 끊은 지 좀 됐어요."

"나랑 이야기하는 게 불편하니?"

"아니요. 선생님들이 자꾸 생각이나 기분을 얘기하라는 게 싫어요."

"그럴 수 있겠다. 사실 나도 내 기분이나 생각을 잘 모를 때가 많은데 말이지."

갑자기 지호가 대화를 멈추었다. 선생님과 마주하면 아이들은 언제나 그렇듯 혼이 난다고 생각한다. 게다가 마주 앉아 있었다.

"이렇게 앉으면 취조하는 것 같잖아." 하면서 의자를 끌어 지호가 앉은 책상 옆으로 옮겼다. 그렇게 자리를 옮기는 동안에 지호가 머뭇거리며 이야기를 다시 시작했다.

"제가 책을 끊은 건 일본어 공부를 시작해서예요. 학교 끝나고 집에 가면 5시고, 태권도 도장 갔다가, 학습지 좀 하고, 일본어 공부하면 12시가 다 되거든요."

"그럼 예전에 가장 좋아했던 책은 뭔데?"

"『삼국지』요."

"그건 여러 출판사에서 나왔는데 어느 걸 읽었는지 궁금한걸. 초등학생들은 『만화 전략 삼국지』(요코하마 미쓰테루 지음, 대현출판사)라고 만화책을 가장 많이 읽는 것 같고, 그 책 말고 이문열의 『삼국지』(민음사), 황석영의 『삼국지』(창비), 김홍신의 『삼국지』(바른사)도 있더라고."

"엄마가 사 준 이문열의 『삼국지』를 봤어요."

"난 삼국지를 읽을 때마다 등장인물 이름 때문에 힘들었던 것 같아. 워낙 많은 인물이 나오니 말이지."

"저는 한 번 읽으면 다 알아요."

"머리가 좋구나. 부러운걸."

"전 학교 애들이 왜 그렇게 공부를 못하는지 모르겠어요. 전 공부를 하면 91점, 안 하면 89점이 나오거든요. 그런데 아이들은 어떻게 10점, 20점 이런 점수를 받을 수 있는지 도저히 이해가 안 가요."

"설마 이런 이야기를 아이들 앞에서 하는 건 아니지?"

"네. 굳이 말하지는 않지만 아이들도 아는 것 같아요. 협상에 능한 사람들은 무슨 생각을 하는지 모르게 한다고 하던데……. 전 안 되는 것 같아요. 지략 같은 건 잘 짤 수 있을 것 같은데……."

"그것도 사람들을 많이 접해 보고 실수도 많이 해야 길러지는 것 같아. 내 생각에도 네가 그런 생각을 가지고 있는 것을 아이들이 알 것 같아. 생각은 꼭 말로 해야만 알 수 있는 건 아니거든. 특히 자신을 싫어한다거나 무시한다거나 하는 나쁜 느낌은 본인도 느낄 것 같아. 네가 반 아이들과 부딪히는 이유랑 비슷한 것 같은데. 너는 그냥 아이들이 말한 것에 대답을 안 한 거라고 하지만 아이들은 자신을 무시한다는 생각이 들 수 있는 거야. 게다가 그 아이들이 너보다 공부를 못하는 것에 대해 열등감을 가지고 있다면 더 그렇겠지."

지호는 항상 혼자 다녔다. 뚱뚱해서 조금은 둔해 보였지만 멍청해 보이지는 않아서 아이들이 쉽게 놀릴 것 같지는 않았다. 그런데 매년 비행집단 아이들과 문제가 있다고 했다. 다른 아이들과 달리 지호는 비행집단 아이들이 시비를 걸면 무서워하지도 않고 항상 말없이 똑바로 쳐다보고 있다고 했다. 그러면 아이들은 더 화를 내고 지호를 괴롭힌다는 이야기를 들었다. 선생님들도 지호가 자신이 비행집단 아이들을 자극한 것에 대한 반성은 하지 않고 교무실에 와 담임선생님이 제대로 아이들을 혼내지 않는다며 비난한 적이 있어서 정이 안 가는 아이라고 했다.

"이상한 애들은 안 보고 살았으면 좋겠어요. 그 애들은 나중에 범죄자가 될 거예요. 지금부터 그렇게 아이들 돈 뺏고, 때리고, 욕하고 살면 커서 뭐가 되겠어요? 사실 그렇게 사는 것보다는 없어지는 게 나아요."

"네가 좋아하는 『삼국지』에서 보면 전쟁에 이기기 위해서 사람들이 부품처럼 쓰이잖아. 전략을 잘못 짜서 수천 명이 죽기도 하고, 한 사람을 얻기 위해서 많은 시간과 노력을 들이기도 하지."

"지금 사회도 그렇잖아요. 전 『삼국지』를 보면서 현대 사회랑 같다고 생각했어요. 전 수천 명의 병사 중 하나가 되긴 싫어요. 지금 자기 힘만 믿고 까부는 아이들은 금방 적에게 노출되어 죽음을 당할 거라고요. 전 열심히 사는 사람과 그렇지 못한 사람들이 똑같은 대우를 받게 되는 건 싫어요."

"혹시 수천 명의 병사 중에 유비, 관우, 장비보다 훌륭한 사람이 있지는 않았을까? 네가 싫어하는 노는 아이들 중에서는 공부도 잘하고 착한 아이들도 있을 텐데. 그리고 누군가가 너를 보았을 때 다른 것은 전혀 모르면서 사람들과의 관계는 그다지 좋지 못한 아이라고 판단 내릴 수도 있잖아."

"전 사람들과의 관계가 좋지 않은 게 아니에요. 관계가 없을 뿐이죠. 삼촌 중에 한 분은 일류대를 나왔는데 대인기피증으로 지금은 아무도 안 만나요. 저 어렸을 때 명절에 만난 적이 있긴 한데 그 이후로는 얼굴도 못 봤어요. 이런 경우는 사람들에게 피해를 주는 건 아니잖아요. 하지만 그 아이들은 피해를 준다고요."

"앞으로 사람들은 점점 더 서로에게 영향을 주고받으며 살게 되지 않을까? 그리고 더 다양한 사람들을 만나게 될 것 같은데? 그래서 더 다름을 인정하고 사람과의 관계에 신경을 써야 할 것 같아. 넌 어떤 직업을 가지고 싶어?"

항상 표정이 없던 지호의 얼굴이 빨갛게 상기되었다. 다른 사람들의 감정을 헤아려 이야기하는 것을 어려워했다. 그러다 갑자기 집안 이야기를 시작했다. 지호는 어려서부터 국어선생님이 되고 싶었다. 외삼촌도, 엄마도, 이모도 모두 교사 자격증이 있었다. 그런데 이유는 모르지만 모두 선생님이 되지 못했다. 가족들은 지호에게 선생님이 되라고 했고, 자신도 나쁘지 않다고 생각했다. 하지만 중학교 3학년까지 학교에 다니는 9년 동안 마음에 드는 선생님을 만난 적도, 마음에 드는 학생을 만난 적도 없었다. 사람들을 만나지 않는 일을 하면서 살고 싶다는 생각만 막연하게 했다. 그러다가 『삼국지』를 만났고 그 안에서 만나는 폭력이 좋았다. 특히 자신을 괴롭히는 아이들을 보면 상상 속에서 『삼국지』와 같은 전쟁이 일어나 그 아이들을 죽여 버리는 상상을 하곤 했다. 유치원 때부터 친구는 한 명도 없었던 것 같고, 그것이 불편하다고 생각해 본 적도 없다. 매년 괴롭히는 아이들이 있었는데 부모님께 이야기하지 않았고, 그 대신 태권도, 합기도를 배워서 이제는 꽤 잘한다. 엄마에게 왜 이야기하지 않았느냐고 물었더니 다시 한 번 지호의 목소리가 떨렸다.

"어머니는…… 우울증이에요. 할머니가 결혼하면 좋아질 거라고 아버지랑 결혼시킨 거래요. 전 할머니가 잘못 판단하신 거라고 생각해요. 점점 더 안 좋아지는 게 분명해요. 어머니도 의지가 없는 것 같아요."

"우울증은 엄마가 노력한다고 좋아지는 건 아닌 것 같아. 우울 증세라고 한다면 본인이 노력해서 나아질 수 있겠지만 '우울증'은 이미 자신이 해결하지 못하는 병이 된 거잖아. 우울증 엄마를 가진 아이들을 몇 번 만나 봤는데 다른 사람들의 감정에 무척 예민하거나, 아니면 반대로 아주 무디거나 하더라고. 물론 모든 아이들이 그런 건 아니었지만 말이지."

"저는 관심이 없는 거예요."

"앞으로도 다른 사람들의 감정에 무관심하게 지낼 생각인 거야?"

"모르겠어요. 어른이 되면 굳이 관심을 가져야 할 이유가 없어지지 않을까요? 살아가는 것이 바쁘고 힘드니 감정 따위에 신경 쓸 일은 없을 것 같은데……."

"지금 시대가 전쟁 상황과 비슷하기는 할 거야. 하지만 전쟁에서도 심리전을 쓰잖아. 우리 집에 삼국지가 종류별로 있어. 다음 시간에 한번 비교해 보는 건 어때? 방학이 되기 전에 세 번만 더 만나자. 어때?"

수업 시간이 돼서 이야기는 여기서 마쳤다. 앞으로 좀 더 만나 보자는 내 제안에 지호는 고개를 끄덕였고 천천히 몸을 일으켰다. 지호가 이렇게 많은 이야기를 하는 것을 처음 보았다. 항상 같은 자세로 그림처럼 교실에 앉아 있는 아이였다. 지호도 이야기를 하고 싶을지도 모른다는 생각은 해 보지 않았던 것 같다. 그냥 혼자 있는 것이 편하고, 공부하는 것을 좋아하는 아이인 줄 알았다. 점심시간에 문제를 풀고 있는 지호에게 공부가 재미있냐고 물어보았더니 "재미있겠어요?" 하며 나를 올려다보았다. 그러면서 살짝 미소를 띠었던 것도 같다.

심한 우울증을 앓고 있는 엄마의 아들로 태어나서 겪은 어려움이 무엇이었을지 나는 모른다. 하지만 아이를 키워 온 엄마로서 상상은 해 볼 수 있었다. 그리고 힘을 키우고 싶은 아이의 심정이 조금은 이해가 간다. 짧은 만남이 되겠지만 지호에게 다른 사람과 이야기해 보는 것도 그다지 나쁘지 않은 경험이라는 것을 알려 주고 싶다. 우리는 다음 시간에 여러 삼국지를 펼쳐 놓고 이야기를 나누었다. 개인적으로 『삼국지』를 왜 청소년에게 읽혀야 하는지는 모르겠다. 하지만 지호는 『삼국지』 이야기를 하는 것이 즐거워 보였고, 누군가와 함께 이야기를 나눌 수 있는 책이라면 나쁜 책은 아니라고 생각한다.

생각과 느낌을 이야기하기 좋은 책

❋ 『기억 전달자』 로이스 로리 지음, 장은수 옮김, 비룡소

난 이 책을 무척 오래전에 읽었어.
그런데 영화로도 나왔더라고.

내용이 뭐예요?
영화 예고를 보니 재미있을 것 같던데요.

사람들이 모이면 갈등이 생기잖아.
그 갈등을 줄이려고
모두 똑같은 형태의 가족을 가지고
똑같은 교육을 받으면서 사는 미래 사회의 이야기야.
지위도 다 정해져 있지.
주인공에게는 '기억 보유자'라는 직위가 정해져.
모두가 똑같아진 삶 속에서 만족을 느끼지.

맞아요. 지금 사회도 모두들 자꾸 똑같아지라고 하는 것 같아요.
우리 엄마도 매일 다른 애들이랑 비교하면서 잔소리해요.
그 애는 그 애고 저는 저잖아요.

맞아. 같지 않다는 것은 두려운 것일 수 있지.

그런데 그렇게 꼭 같아야 할 이유는 없잖아요.

그렇지. 하지만 관리하는 사람의 입장에서 본다면
모두 똑같은 편이 관리하기가 좋지 않겠어?

그렇겠네요. 다양한 것은 안정적이지 않을 테니까요.

● 모두가 똑같은 형태의 가족을 가지고 동일한 교육을 받으면서 성장하는 미래 사회에서 소년 조너스는 열두 살 생일날 기억 보유자라는 직위를 부여받고 과거의 모든 기억을 가지고 있는 기억 전달자가 되어 완벽한 사회를 위해 희생된 진짜 감정들을 경험하게 된다. 아이들의 진로나 다름 등에 대해 이야기하기 좋은 책이다.

> 생각과 느낌을 이야기하기 좋은 책

❄ 『어쩌다 중학생 같은 걸 하고 있을까』
쿠로노 신이치 지음, 장은선 옮김, 뜨인돌

이 책을 읽는데 주인공이 저 같았어요.
제 이야기를 일본 작가가 보고 쓴 것 같았어요.

나도 이 책 읽으면서 네 생각났어.
어디나 있는 일인가 봐.
일본에도 있는 이야기인 걸 보면.

그러게요. 저도 나중에는 이 주인공처럼
'그런 일이 있었지.' 하며 과거를 회상할
때가 있겠죠?
그런데 좀 우울한 건 스미레처럼 좋은
부모님이 없다는 거예요. 그래서 저는
해피엔딩이 안 되면 어쩌죠?

네가 스미레보다 훌륭하니까 괜찮아.
그리고 알고 있다는 것이 중요하잖아.
넌 이제 노는 것이 별로라는 것을
느끼고 있으니까.

● 소심하고 평범한 것이 흠이라고 생각하며 중학교 2학년이 된 여학생 스미레는 어떤 친구들 사이에 들어갈까 고민이다. 범생이도 날라리도 싫은 스미레. 우연한 기회에 날라리들과 친해지고 그 뒤로 험난해지는 학교생활이 펼쳐진다. 학교생활과 친구에 대해 이야기하기 좋다.

사람들과의 관계에서
상처받은 아이

의미 있는 대상이 필요한 민혁이

　　　　　　살아오면서 책이라는 건 본 적도 없다는 민혁이가 내가 읽는 책에 관심을 보이기 시작했다. 읽고 싶은 책을 읽으라고 한 수업 시간에도 고집스럽게 책 한 권 올려놓지 않고 엎드려 잠만 자는 녀석이다. 평소 친구들이 만화책을 권해 줘도 만화책도 책이라며 읽기를 거부하는 지조(?) 있는 아이였다. 그랬던 민혁이가 내 옆에 앉아서 내가 읽고 있는 책을 같이 보고 있다니……. 민혁이는 같은 학교 학생이라면 모르는 아이가 없을 정도로 힘세고 무서운 아이로 유명한데, 작년에 학교 폭력과 무단결석으로 유예되어 친구들은 3학년이지만 민혁이는 올해도 2학년이다.

　옆에서 내가 읽는 책을 같이 보고 있던 민혁이가 표지를 넘겨 보았다.

　"『암탉, 엄마가 되다』. 뭐, 이런 닭 같은 책을 보세요?"

　자기가 한 이야기가 뭐가 그리 웃긴지 민혁이는 한참을 웃었다. 그러더니 "개 같은 책은 안 보세요?" 하며 또 한참을 웃었다. 그러고는 혼자 웃는 것이 민망했던지 이 책은 무슨 내용인지 물었다. 그래서 병아리를 길러 본 적이 있는지 물었다.

"병아리? 아! 학교 앞에서 팔던 거. 기르진 않고 가지고 놀아 봤죠. 애들이랑 누가 더 빨리 죽이나 내기도 했는걸요. 초등학교 때 애들이랑 한 봉지 사서 아파트 위에서 떨어트리기도 하고. 그리고 놀이터 미끄럼틀에서 밀면 병아리들이 어지러워서 막 걷지도 못하고 얼마나 웃긴데요."

다른 아이들 말대로 잔인하고 나쁜 놈이란 생각이 들었다. 따뜻한 심장이 뛰는 것이 느껴지는 작고 귀여운 병아리에게 그런 짓을 했다는 상상만으로도 민혁이 옆에 있기가 싫어졌다. 그러면서 인상을 썼던 모양이다.

"선생님, 뭘 그러세요. 어차피 약해서 다 죽는대요. 믹서로 갈아 죽이기도 한다는데 그것보다는 낫잖아요."

차라리 그냥 책 이야기로 화제를 바꾸는 것이 낫겠다 싶었다. 생명의 소중함을 이야기하기에는 시간도 없었고, 민혁이 이야기가 너무 폭력적이라 더 듣고 싶은 생각도 없었다.

『암탉, 엄마가 되다』의 책장을 넘기며 시골로 내려간 아이가 닭을 기르는 이야기를 보여 주었다. 사진 자료가 많아서 사진만 보고 이야기하기가 좋았다. 민혁이는 흥미롭게 보았다. 그리고 오골계를 먹어 본 이야기를 하다가 주인공은 이렇게 닭을 많이 기르는데 나중에는 어떻게 하느냐는 질문을 했다. 그 질문에 나는 너무 쉽게 "팔거나 먹지 않았을까?"라고 대답했다.

"어떻게 기르던 걸 먹어요? 아닐 거예요."

이렇게 앞뒤가 맞지 않는 아이라니……. 병아리는 잔인하게 죽였으면서 책 속에 나오는 닭들은 불쌍하다는 말일까? 내가 되묻자 민혁이는 당연하다는 듯이 말했다.

"그거랑 이 닭이랑은 다르죠. 이 닭들은 기르던 거잖아요. 같이 산 시간이 있는데……."

"다르다!"라는 표현은 민혁이에게 많이 들은 말이었다.

민혁이는 의미 있는 대상과 그렇지 않은 대상을 나누어 놓았다. 그것은 동물에게만 해당되는 건 아니었다. 주변 아이들도 '우리 아이들'이라는 말로 친구와 그렇지 않은 아이들로 나누어 그렇지 않은 아이들에게는 무척 잔인하게 굴었다. "전 선생님이랑 몇몇 선생님 말고는 선생님이라고 부르지도 않아요."라고 한 것을 보면 다행히(?) 나는 민혁이의 '우리'에 들어가 있는 모양이었다.

민혁이는 왜 '우리'라는 벽을 쌓게 되었을까? 여러 가지 원인들이 있겠지만 우리가 아닌 사람들을 적으로 인식하고 공격하는 것은 문제가 있는 행동이었다. 그렇게 적이 많으면 힘들지 않을까? 그리고 지켜야 할 '우리 아이들'이 점점 더 많아지는 것도 힘들지 않을까? 학교에서 일어나는 폭력 사건에는 항상 민혁이가 개입되어 있었고, 그 결과 내년에도 3학년으로 진급될 수 있을지 불투명했다. 어른들이 보기에 민혁이는 항상 '반성의 의지'가 없어 보였기 때문이다. 그래서 항상 다른 아이들보다 더 큰 징계를 받았다.

"어렸을 때 형이 집에서 기르던 개 토토를 자꾸 때렸어요. 차라리 날 때리라고 하니 정말 절 때리더라고요. 그 이후 형은 계속 절 때렸어요. 그래도 형이 우리 토토를 때리는 것보다는 나았어요. 토토를 데리고 가출한 적도 있어요. 그래도 토토랑 같이 있으니 좋았어요. 토토는 가족 중에서 저만 따라 다녔거든요. 제가 얼마나 잘해 줬다고요. 저 어렸을 때 꿈이 수의사였어요. 토토는 정말 귀여웠어요. 얼마나 똑똑했는데요. 말도 다 알아듣고."

이 이야기를 하고 있는 민혁이의 표정이 순진한 어린아이 같았다. 당장이라도 토토를 데려다 주고 싶을 만큼 귀여운 어리광을 부리고 있는 어린아이의 모습이 보였다.

"그런데 그 나쁜 것들(부모님)이 토토를 어딘가로 보내 버렸어요. 그 미친 놈(형)은 제게 계속 어느 시골에서 토토를 잡아먹었을 거라고 했고요. 애완동물은 키우면 안 돼요. 애들 상처받아요."

그 사건으로 민혁이가 받은 상처는 컸던 모양이다. 초등학교 저학년 때 일이라고 하는데 아직도 생생하게 기억하고 있었다.

마침 내게 수의사가 쓴 책이 있어 민혁이에게 내밀었다.

"『동물원에서 프렌치 키스하기』 이거 야한 소설이에요?"

'우치동물원 수의사 최종욱의 야생 동물 진료 일기'라는 부제를 읽어 보게 했다. 민혁이의 '책은 자기 손으로 들춰 보지 않는다'는 소신(?)을 지켜 주고자 책을 펼쳐 주며 이야기를 나누었다. 이 책 역시 사진이 많아서 이야기 나누기가 좋았다. 어렸을 때 꿈이 수의사여서 그런지 더럽고 끔찍한 이야기들을 특히 흥미롭게 들었다. 특히 수의사는 하얀 가운을 입고 다닐 수 없다는 말이 아주 마음에 든다고 했다. 자기도 동물원의 여기저기를 뛰어다니며 동물들을 보고 싶다고 했다. 동물원에서 맹수들과 옥신각신하며 진료하는 민혁이의 모습이 떠올랐다. 민혁이 역시 그런 자신의 모습이 그려지는지 얼굴에 미소가 흘렀다.

"선생님, 아무리 생각해 봐도 사람보다는 동물이 나은 것 같아요. 동물들은 우리 애들처럼 사고 안 치잖아요."

내가 "사람들 대하는 게 힘들구나."라고 하자 민혁이는 금세 다시 화가 난 얼굴이 되었다. 친구들이 생각 없이 오토바이 훔쳐 오는 것이나 사소한 말싸움에 나서서 혼내 줘야 하는 것, 별 볼일 없는 형이 그래도 형이라며 가르치려 드는 것, 그런 형에게 매일 끌려 다니며 사는 것이 힘들다고 하는 부모님도 모두 짜증 난다고 했다. 이제는 누가 적이고 누가 우리 편인지도 모르겠다고 했다.

"동물은 사람 같지 않아요. 배신 같은 것도 안 하고요."

민혁이는 사람에게 받은 상처가 너무 커서 곁을 주지 않는 것 같았다. 어쩌면 사람에 대한 기대가 그만큼 크기 때문은 아닐까? 태어나서 처음 관계를 맺는 사람에게 충분한 안정감을 얻는다면, 새로운 사람들과의 관계 맺기에도 성공한다는 연구 결과를 보았다. 그런 의미에서 보면 민혁이는 그런 경험이 부족한 것이 아닐까? 그렇다고 계속 사람들을 공격하며 사람들에게 상처받으면서 살 수는 없지 않을까?

민혁이에게 어쩌면 네가 사람들에 대한 기대가 많은 건지도 모르겠다고 했다. 정이 많아서 상처받을 것을 두려워하고 있는 건지도 모르겠다고 솔직하게 이야기했다. 민혁이는 살짝 고개를 끄덕이며 웃었다. 그리고 다시 책을 보더니 사육사가 되는 것도 좋겠다고 했다. 책을 빌려 주려 했더니 책을 들고 다니는 것은 창피한 일이라며 또 웃는다. 가만히 책을 보고 있는 민혁이를 보면서 맹수들과 어울리며 가족이 되어 있을 어른이 된 민혁이의 모습을 상상하는 것만으로도 흐뭇해졌다.

동물과 함께 생활한, 진짜 있었던 이야기

❋ 『**암탉, 엄마가 되다**』 김혜형 지음, 김소희 그림, 낮은산

 이 책 봐. 귀농해서 닭을 키우는 가족 이야기인데 재미있더라.

 와! 저도 이런 거 하고 싶어요.
나중에 시골 내려가서 동물들 키운 이야기를
책으로 내야겠어요.

 좋은 생각인데? 그런데 이 책 읽으니
우리가 먹는 닭들이 불쌍하더라.

 맞아요. 닭한테 약도 많이 먹이고,
좁은 곳에서 키우고 그런다더라고요.

● 시골집 닭장 안에서 벌어지는 닭과 병아리들의 일상사를 3년여에 걸쳐 섬세하게 관찰하고 기록한 닭 생활 보고서다. 지금까지 알지 못했던 닭과 병아리의 생활사를 동화가 아닌 '실화'로, 그림이 아닌 '사진'으로 보여 준다.

❋ 『**동물원에서 프렌치 키스하기**』 최종욱 지음, 반비

 이 책 읽으면서 동물원에 가 보고 싶다는
생각을 했어요. 전 수의사에는 관심이 없지만
이 분이 귀엽다는 생각은 했어요.

 자기가 좋아하는 일을 신 나게 하는
사람의 에너지가 느껴져.

 맞아요. 요즘 뭐가 될지도 모르겠고 했는데
이 책 읽으면서 이러고 살면 안 되겠다는
생각을 했어요. 사진도 좋고 내용도 좋더라고요.

● 아프고 다치고 버려진 동물들을 거두고 보살펴 우치동물원을 출생률 1위의 안식처로 만들기까지, 열정적인 수의사의 고군분투를 그린 동물원 이야기다.

❋ 『**나쁜 고양이는 없다**』 이용한 지음, 북폴리오

이 책 보세요!
고양이를 싫어하는 사람들도 반할걸요?
'안녕 고양이 시리즈' 다 사 주세요!

한번 읽어 볼게.
그런데 불쌍하고 눈물 나는 건 싫은데……

마지막 장이 슬프긴 한데
그런 책이 아니라니까요.
쌤이 그랬잖아요.
사실을 담담하게 표현한 글이
좋은 글이라고! 이 책도 그래요.
이 사람도 잘 썼어요.

● 시골의 사계절을 배경으로 길고양이들의 이야기가 생생한 사진과 함께 담겨 있다. 고양이를 싫어하는 사람들에게는 고양이에 대한 이해를, 좋아하는 사람들에겐 기쁨을 줄 책이다.

친구들과 어울리기 어려운 아이

만화로 도망가 버린 지혁이

"애들이 자꾸 놀려요!"

대안학교에서 말과 글에 대해 첫 수업을 진행한 날이었다. 별문제 없는 수업이었고, 아이들은 흥미로워했다. 지혁이 역시 수업 시간에 참여하는 것이 힘들어 보이지 않았다. 오히려 환하게 웃기까지 했다. 그런데 쉬는 시간에 담임선생님을 찾아간 지혁이는 슬픈 표정이었다. 아이들이 지혁이를 놀릴 시간은 쉬는 시간, 그러니까 10분도 되지 않는 시간이었다. 수업 시간에 만난 아이들은 지혁이를 놀리기보다는 아예 관심이 없어 보였다. 게다가 열일곱 살이나 된 녀석이 놀린다고 선생님께 이르다니…….

담임선생님께 물어보니 아이들이 이상하다고 놀린 것이 사실이고, 학교에서 누군가를 놀리는 것은 처음 있는 일이라고 했다. 그리고 지혁이가 오래 가정 폭력을 당한 아이라서 피해 의식이 있다고 했다. 곰곰이 수업을 되짚어 보니 지혁이에게 미안했다. 지혁이가 아이들의 기분은 생각하지 않고 참견하는 것을 웃음거리 삼아 수업 분위기를 이끌어 갔던 것이다. 일반 중학교에서 무척 익숙한 방식이었고 이것이 폭력이라고 생각하지 못했다. 조금만 생각해도 알 수 있었는데 왜 그동안 조금도 고민하지 않았을까?

쉬는 시간이 끝나고 아이들에게 먼저 사과했다. 아이들은 이해를 못하는 얼굴이었다. 놀릴 수 있는 분위기를 만든 것은 분명 나였고, 언어폭력에 대해서도 설명을 하고 앞으로 조심하자고 했다.

수업은 아이들이 평소 관심을 갖는 분야의 자료를 찾아 읽고 이해하고 이야기 나누는 방식으로 진행하기로 했다. 여러 가지 이야기가 나왔는데 그중 가장 많은 것이 '일본 만화'에 관한 것이었다. 내가 모르는 분야여서 아이들에게 관심 있어 하는 만화책 제목과 내용을 물어보았다. 아이들은 자세히 이야기를 해 주었는데 그중 지혁이가 가장 적극적이었다. 다음 시간까지 일본 만화를 한 편씩 읽어 오고 가지고 올 수 있는 사람은 가지고 오라고 했다. 그리고 수업이 끝나고 지혁이에게 일본 만화에 대해 좀 더 자세히 물어보았더니 신이 나서 이야기해 주었다.

일주일이 지났다. 일주일 동안 만화 관련 책을 도서관에서 빌려 왔다. 서점에서 구할 수 없는 책들이 대부분이었기 때문이었다. 그리고 지혁이가 추천하는 만화와 웹툰을 찾아봤는데 무섭고 징그러워서 볼 수가 없었다. 아이들은 수업 시간에 늦지 않게 왔고 만화책을 가지고 온 학생은 지혁이뿐이었다. 수업을 시작하기 앞서 나는 준비해 온 책과 논문들을 늘어놓았다. 일본에 대한 이해와 일본 만화의 장단점에 대해 이야기했다. 다른 아이들은 그냥 듣고 있었고, 지혁이는 이야기를 하고 싶어 했다. 하지만 조리 있게 말을 하지 못하는 지혁이 때문에 다른 아이들이 지루해해서 쉬는 시간에 따로 이야기를 나누어 보기로 했다.

"지혁아! 수업 시간에 네 이야기를 길게 들어 주지 못해서 미안해. 다른 아이들도 그렇고 나도 그렇고 자세히 모르는 부분이 많아서 말이야."

"네, 괜찮아요. 딴 이야기할 때 저도 그러는 걸요."

"참, 네가 재미있게 본다는 좀비 만화는 찾아봤는데 무서워서 못 봤어."

"그럴 수도 있겠네요. 전 괜찮았는데. 전 일본에 가고 싶어요. 가서 만화도 실컷 보고……. 한국에서 떨어진 곳에서 살고 싶어요."

"그럼 좋겠다. 일본에 아는 사람이 있으면 좋은데. 일본어는 할 줄 아니?"

"조금요. 일본에 가면 저 이상한 사람이 아닐 수 있을 것 같아요."

"넌 지금도 이상한 사람이 아니야."

"전 항상 이상하다는 소리를 들어 왔어요. 집에서도, 학교에서도. 만화에서는 시대를 왔다 갔다 해도, 죽은 사람이 살아나도 하나도 이상하지 않잖아요."

"현실에서 일어날 수 없는 일이지만 이상하게 느끼지 않도록 만화가들은 여러 가지 장치를 만들어 놓잖아. 책을 읽어 보니 왜 사람들이 일본 만화를 좋아하는지 이해할 수 있겠더라."

"오늘 수업을 들으면서 만화를 좋아하는 어른들이 저랑 같은 생각을 하고 있다는 것이 신기했어요. 제가 평소에 이야기할 때는 아이들이 들으려고 하지도 않더니 수업 시간에 하니 애들이 다 끄덕이더라고요."

지혁이는 그 뒤로 한참 일본 만화의 장점에 대한 이야기를 했다. 사실 수업 시간에 한 이야기를 반복하는 식이라 듣고 있는 동안 좀 지루하기도 했다. 그리고 대화를 하는 것이 아니라 일방적으로 말을 하는 식이었다. 다른 아이들도 내게 하고 싶은 말이 있는 것 같았는데 지혁이를 보고는 교실 밖으로 나가 버렸다. 일단 좀 더 들어 보기로 했다. 그런데 한참 신 나서 이야기하던 지혁이가 갑자기 나를 보며 혼자 넋두리를 하는 식으로 이야기하기 시작했다.

"선생님은 좀비가 무서우세요? 전 좀비보다 세상이 더 무서운 것 같아요. 좀비는 생각이 없는 거잖아요. 괴물이 되어도 내가 괴물이 된지 모르잖아요. 사실 사는 게 어떻게 될지 모르는 건데······."

지혁이는 두려워하고 있었다. 너무나도 두려워서 더 끔찍한 이야기들을 보며 자신이 처한 현실을 외면하고 있는 것 같기도 했다. 지혁이는 아직 내 얼굴을 마주 보고 이야기할 준비는 되어 있지 않은 것 같다. 그래도 만화책을 들고 내게 다가왔고, 내가 그 만화책에 관심을 보이면 언제든지 입을 열 준비도 되어 있었다. 천천히 가 보기로 했다. 당장 지혁이의 이야기를 듣기보다는 지혁이가 갇혀 있는 세상이 궁금했고 그 세상은 생각보다 많은 아이들이 빠져 있는 세상 같았다. 일본 만화가 폭력적이고 선정적이라 말하며 마냥 인상만 쓸 것이 아니라 그 아이들이 왜 그 만화 속으로 숨고 싶어 하는지를 알아보는 것이 더 시급한 것이 아닌가 싶었다.

지혁이는 내가 가지고 온 책 중에서 『일본만화의 사회학』(정현숙 지음, 문학과지성사)을 들춰 보다가 빌려 달라고 했다. 그리고 내가 가지고 온 『신과 함께』도 앞부분을 보더니 재미있다고 했다. 다음 주에는 웹툰에 대한 이야기를 나누기로 했다. 좀비와 관련된 이야기인 것 같아서 『당신의 모든 순간』이라는 만화를 보고 오라고 했다. 내가 유일하게 무섭지 않게 본 좀비 만화였기 때문이다. 점심을 먹기 위해 나가던 지혁이가 다시 나를 보며 무슨 이야기를 했는데 듣지 못했다. 다시 물으니 별말 아니라고 했다. 지혁이는 얼핏 유치원생 같은 모습이었다. 평소처럼 주눅 들고 우울한 표정이 아닌 해맑은 표정이었던 것 같다.

  자기만의 세계에 갇혀 다른 사람들과 소통하지 않는 아이들을 대하려면 많은 에너지가 필요하다. 그 아이가 정말로 하고 싶어 하는 이야기를 듣게 되기까지 무척 오랜 시간이 걸릴 수도 있고, 그 과정이 무척 지겨울 수도 있다. 그래도 한번 시작해 보기로 했다. 그리고 세상은 지혁이가 생각하는 것보다 훨씬 살기 좋은 곳이라는 이야기도 들려주고 싶다.

만화를 좋아하는 아이에게 추천받은 책

❋ **『원피스』** 오다 에이이치로 지음, 대원씨아이

잔인하지 않고 재미있고 대중적이면서,
나름 교훈도 있는 만화 있음 알려 줘.

뭐예요, 그런 만화가 어디 있어요?

요즘 『진격의 거인』이 인기인데…….

그거 쌤 못 볼 거야.
인육 먹고 그러니까 잔인해.
『원피스』면 괜찮을 것 같아요.

그러네, 재미있어요, 『원피스』.
그리고 『원피스』는 상식이에요.

지금 80권이 넘게 나왔고요.
아직도 나오고 있어요.
요즘은 텔레비전에서도 하는데,
해적왕이 되고 싶은 루피가
일당을 모으는 이야기예요.

● 푸른 바다 위에서 해적들이 벌이는 호쾌한 모험 이야기를 흥미진진하게 그린 일본의 유명한 만화다.

※ 그 밖에 추천하는 책

『식객』 허영만 지음, 김영사
우리가 잘 몰랐던 팔도강산의 음식과 식재료들, 그리고 숨겨진 맛집을 철저한 취재와 수많은 자료를 바탕으로 발굴하고 그려내는 허영만의 음식 만화다.

『미스터 초밥왕』 다이스케 테라사와 지음, 학산문화사
맛있는 초밥을 만들기 위해 일생을 거는 주인공이 등장하는 요리 만화다. 다양한 음식들과 그 음식을 만드는 과정이 재미있게 그려진다.

> 만화를 좋아하는 아이에게 추천받은 책

❋ 『**당신의 모든 순간**』 강풀 지음, 재미주의

쌤이 웬일로 만화책을 다 봐요?

지난번에 아이들이 좀비 이야기를 하기에 좀 덜 징그러운 건 없냐고 물었더니 이 책을 추천해 주더라. 감동적이야.

전 컴퓨터로 봤는데 책으로 보니 감동이 좀 떨어지는 듯해요.

아, 그래도 좋아.
이 작가는 참 따뜻한 사람인 것 같아.
감정도 없이 폭력만 남은 좀비 이야기 속에서 이렇게 따뜻한 정을 표현하다니…….

강풀은 거의 그래요.
강풀 작품 다른 것도 보세요.
감동이에요.
지금은 유료라서 돈 내고 봐야 하지만
연재할 때는 돈 안 받거든요.
쌤, 강풀 만화 연재하면 알려 드릴게요.

● 새해를 맞이하는 2012년 1월 1일 서울에 원인을 모르는 전염병이 퍼져 사람들이 좀비로 변하는 일이 벌어진다. 얼마 안 남은 생존자들이 서로 간신히 소통하고 그 시간을 견뎌 나가면서 생기는 일들을 사람들 사이의 정을 토대로 따뜻하게 그려낸 만화다.

❋ 그 밖에 추천하는 책

『**심야식당**』 아베 야로 지음, 미우
밤 12시부터 새벽 6시까지 열리는 독특한 '심야식당'. 그곳에 찾아오는 일상에 지친 손님들이 배뿐만 아니라 마음까지 채우는 이야기가 훈훈하게 펼쳐지는 만화다.

가족 관계가 어려운 아이

자신만의 색깔이 필요한 은희

3월부터 징계를 받은 중학교 3학년 학생이라니……. 만나기 전, 살짝 걱정이 되었다. 내 이야기를 들으려고도 하지 않고, 엎드려 자 버릴 수도 있고, 교실 밖으로 나가 버릴 수도 있고, 괜히 사소한 것으로 내게 싸움을 걸 수도 있어서 여러 가지 경우의 수를 준비해야 했기 때문이다. 게다가 나를 만나기 바로 전, 담임선생님이 복장 문제로 은희에게 화를 냈다며 연락해 왔다. 그리고 5분도 지나지 않아 노란색 손톱이 한눈에 들어오는 은희가 들어왔다. 표정이 무척 어두웠다. 조금 전 선생님과 의견 충돌이 있어서라기보다는 원래 어두운 아이인 것 같았다.

"은희야! 안녕! 표정을 보니 안녕한 것 같지는 않군……."

은희가 수줍게 웃었다. 웃는 것이 무척이나 귀여운 아이였다. 가해는커녕 피해 학생이 아닐까 싶을 정도였다.

"너 애를 때리거나 괴롭힌 게 아니라 그런 애들 옆에 있어서 징계당한 거지?"

은희는 눈이 마주치자 곧 고개를 숙이며 끄덕였다. 그러고는 작은 목소리로 물었다.

"선생님 보시기에도 제가 찌질해 보이는 거죠?"

나는 이 질문에는 대답하지 않고 너만큼 귀엽고 신기한 그림책을 보여 주겠다고 하며 『폭풍우가 지난 후』를 보여 주었다. 마지막 장을 펼치자 은희의 표정이 환해졌다.

"보는 것만으로도 행복해요. 이런 곳에서 친구들과 살았으면 좋겠어요."

가끔은 이렇게 아이들과 화나고 속상한 것에 대해 바로 이야기를 시작하기보다 그림책을 볼 때가 더 효과적인 경우도 있다. 속상할 때 실컷 우는 것도 도움이 될 수 있지만 잠시 다른 곳으로 시선을 돌리면서 감정을 안정시키고 난 후 이야기를 시작하는 것이 이야기를 나누다가 도망갈 확률이 적기 때문이다.

자꾸만 눈에 띄는 은희 손톱에 눈길이 멈추었다. 얼핏 봐서는 전문가에게 네일아트를 받은 것 같아서 물어보았다.

"네일아트 멋진걸. 어느 숍에서 받은 거야?"

은희는 자기가 직접 한 거라며 얼굴을 붉혔다. 손재주가 좋다고 칭찬했더니 자신은 끈기가 없어서 목도리를 뜨고 싶어도 30센티를 넘기지 못한다고 했다.

대화는 즐거웠다. 자신감이 없어 보였지만, 그림책에도 흥미를 보이며 작은 그림까지 하나하나 살폈다. 미술 시간을 좋아하는데 학교에서 시행하는 '집중 이수제' 때문에 올해는 미술 시간이 없어서 좋아하는 과목이 하나도 없다고 했다. 한참 신 나게 이런 이야기를 하고 있는데 유영이가 들어왔다. 유영이는 내게 인사도 하지 않고 은희에게 큰 소리로 누가 누구와 부딪혔는데 사과를 하지 않아서 불러서 때려야겠다는 말을 하기 시작했다. 유영이는 우리가 너무 우습게 보이는 것이 문제라며 화를 냈는데 은희는 마치 혼나는 아이처럼 유영이의 이야기를 듣고 있었다. 한참을 이야기하던 유영이가 돌아갔다. 은희는 한껏 풀이 죽어 있었다. 유영이와 제일 친한지 물었더니 제일 친한 건 아니라고 했다. 자신은 친구는 많은데 제일 친한 친구는 없다고 했다. 지금 같이 다니는 아이들과도 어떻게 친해졌는지 잘 모르겠고, 그 아이들이 자신을 친구라고 생각하고 있는지도 모르겠다고 했다. 가끔 아이들은 다른 사람의 욕을 하다가 자신을 돌아보며 "어? 너도 있었네."라고 할 정도라며 자신은 존재감이 없다고 했다. 게다가 반 아이들도 학교에서 유명한 아이들과 어울리고 있어 꺼려한다고 했다. 은희는 이야기하면서 조금씩 목소리가 커졌는데 방금 전과 다르게 유영이와 같은 말투를 쓰고 있었다. 잠시 말을 멈추더니 은희는 다시 자기의 목소리로 이야기를 시작했다.

"고등학교는 아무도 모르는 데 가서 다시 시작하고 싶기도 해요. 예고를 가고 싶은데 집이 어려워서 학원에 못 가요. 엄마에게 이런 이야기는 꺼내지도 않았어요. 엄마한테는 매일 뭘 하나 해도 끝까지 할 줄 모른다며 혼나거든요. 특성화고에 가기에는 공부를 많이 못해요. 정말 걱정이에요. 선생님!『폭풍우가 지난 후』처럼 보고 있으면 행복해지는 그림책 좀 더 보여 주세요."

이번에는 귀여운 생쥐 가족이 나오는『봄 이야기』를 보여 주었다. 은희는 그림책을 보고 있을 때만큼은 행복해 보였다. 그리고 친구 이야기가 아닌 자신이 하고 싶은 이야기를 하니 어두웠던 은희의 표정이 밝아졌다. 이렇게 그림책을 보며 즐거워하는 은희는 선생님이나 부모님 말처럼 줏대 없이 친구들에게 휩쓸리기만 하는 아이의 모습은 아니었다. 예쁜 것을 좋아하고 하고 싶은 것이 많은, 수줍음 많은 중학생이었다. 한참 이야기를 나누다 보니 은희는 내 말투를 닮아 있었다. 은희에게는 모델링을 할 수 있는 건강한 사람을 찾아 주는 것이 시급해 보였다.

　은희는 또 다른 책을 궁금해했고 영화 〈미스 포터〉에서 본 내용을 바탕으로 『피터래빗 이야기』의 작가 베아트릭스 포터에 대해 이야기해 주었다. 작가 이야기를 하던 은희가 갑자기 집안 이야기를 시작했다. 뭐든지 자기 마음대로 하는 두 살 많은 언니, 가게 일을 하느라 항상 바쁜 엄마와 아빠. 그 누구도 은희에게 잘했다는 이야기를 한 적이 없다. 그런 이야기를 듣다 보니 얼굴도 못생겼고 뚱뚱하고 공부도 못하는 자신이 미웠고, 이기적인 언니와 무능한 부모님도 싫었다. 친구들과 집을 나와서 살고 싶은데 친구들과 잘 지낼 자신도 없다. 사실 친구들이 무섭기도 하다. 아이들이 가출하자고 이야기한 적이 있지만 하지 못했던 큰 이유 중에 하나도 나가서 살게 되면 언니보다 친구들이 더 심하게 자신을 부릴 것 같았기 때문이었다. 가끔 자신이 전생에 종이 아니었을까 하는 생각도 해 보았다고 했다. 만나는 사람마다 자신을 함부로 대하고 심부름을 시키기 때문이었다. 그래도 친구들과 있으면 다른 아이들에게 무시당하지는 않아서 좋기도 했다. 이 두 가지 감정이 뒤섞여 은희는 혼란스럽고 우울하다고 했다.

　은희도 행복해지고 싶은 적이 있었다. 엄마가 "아빠가 너를 얼마나 귀여워했는데……." 하고 말했을 때였다. 텔레비전에서나 보았던, 어리광 부리는 딸이 귀여워서 어쩔 줄 모르는 아빠의 모습. 자신도 그런 어린 시절이 있었다고 믿게 되었고 그때로 돌아가고 싶다는 생각을 했다. 하지만 상상하던 모습이 아니었을지도 모른다는 불안감에 엄마에게 더 자세히 물어보지 않았다.

『내가 아빠를 얼마나 사랑하는지 아세요?』의 아빠 토끼를 보며 은희는 자신이 생각하는 남편과 결혼에 대한 이야기를 했다. 하지만 곧 수줍어하며 다른 그림책을 찾았다. 그러다가 은희 손에 잡힌 것이 『꽃이 핀다』였다. 제목을 읽고 책을 들춰 보더니 이건 무슨 책이냐고 내게 묻기에 부제가 '자연에서 찾은 우리 색'이라고 알려 주었다. 은희는 내게 좋아하는 꽃이 뭐냐고 물었고 나는 "꽃마리"라고 대답했다. 이 책에 마침 그 꽃이 있었고, 내 휴대전화에 저장되어 있는 작은 꽃도 보여 주었다. 한참을 들여다보더니 이제부터 누가 자신에게 제일 좋아하는 꽃을 물어보면 자신도 이 꽃이라고 대답하고 싶다고 했다. 우리는 꽃마리를 찾기 위해 밖으로 나갔다. 햇빛 아래에서 꽃을 찾으며 걸으니 은희의 기분이 한층 좋아진 것 같았다. 꽃마리는 다행히 생각보다 쉽게 찾을 수 있었다. 은희는 이렇게 가까운 곳에 아름다운 꽃이 숨어 있다는 것에 놀라워했다. 꽃마리를 가지고 들어와서 교과서 사이에 잘 끼워 놓았다. 그리고 우리는 아무리 예술 작품이 아름다워도 자연보다 아름답지 않다는 결론을 내렸다. 그리고 인간 역시 보이지 않을 뿐이지 아름다운 부분이 있다는 것을 믿어 보기로 했다.

은희는 이번 달 용돈을 모아서 그림책을 한 권 사야겠다고 했다. 아직 어떤 그림책을 고를지 모르겠지만 서점에 가서 좀 더 찾아보겠다고 했다. 은희의 말대로 보기만 해도 행복해지는 그림책들을 꼭 은희 곁에 두기를 바란다. 그리고 좀 더 단단해져서 더 이상 만나는 사람에 따라 바뀌는 아이가 아니라 본래 가지고 있는 아름다움을 드러낼 수 있는 그런 사람이 되었으면 좋겠다.

> 사랑이 가득한 가족이 나오는 그림책

❄ 『**봄 이야기**』 질 바클렘 지음, 이연향 옮김, 마루벌

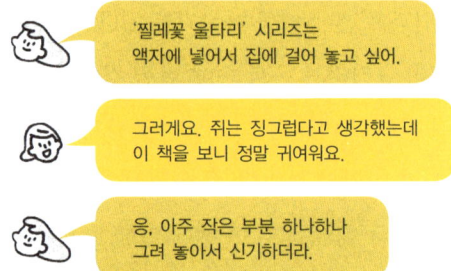

- 냇가 옆 덤불에 사는 작고 귀여운 들쥐 공동체인 '찔레꽃 울타리'. 필요한 모든 것을 자연에서 얻으며 욕심 없고 꾸밈없이 살아가는 들쥐 마을의 이야기가 봄을 배경으로 펼쳐지는 아름다운 그림책이다.

❄ 『**피터래빗 이야기**』 베아트릭스 포터 지음, 김동근 옮김, 소와다리

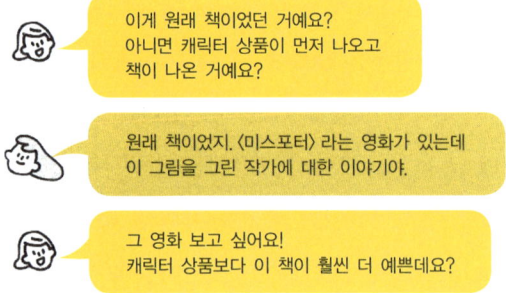

- 숲 속 전나무 밑동 모래 언덕에 사는 토끼 가족의 이야기를 그린 깜찍한 그림책이다. 베아트릭스 포터가 그린 섬세한 동물과 자연의 묘사가 돋보인다.

❖ 『내가 아빠를 얼마나 사랑하는지 아세요?』
샘 맥브래트니 지음, 아니타 제람 그림, 김서정 옮김, 베틀북

 토끼 아빠는 지는 걸 정말 싫어하나 봐요.

 선생님 남편도 딸이랑 놀 때 져 주지 않더라고요.

 전 어렸을 때 아빠랑 놀아 본 적이 없어요. 나중에 아이들이랑 잘 놀아 주는 남자랑 결혼할 거예요.

 이 토끼 아빠처럼?

 네, 이런 남자 못 찾으면 결혼 안 할 거예요.

 그런데 아이가 크면 기억 못하지 않을까?

 쌤이 그러셨잖아요. 어렸을 때 좋았던 기억이 많으면 커서 어려움을 잘 이겨낼 수 있다고요.

● 숲 속에 사는 아기 토끼와 아빠 토끼가 누가 더 서로를 사랑하는지 이야기하는 그림책으로, 가족의 사랑을 듬북 느끼게 해 주는 작품이다.

4장

조금씩 나아가는 힘을
불어넣는 방법

학교에서 만났던 한 아이가 "선생님은 우리를 가만히 놔두지 않았어요. 맨날 이거 해 보자, 저거 해 보자 하셨죠. 그리고 우리가 이건 어때요? 하면 바로 하게 만들고……." 라는 말을 했다. 아이들과 뭔가를 계획하고 움직이는 것은 참 즐거운 일이다. 게다가 시간은 버티는 것이 아니라 추억으로 채울 수 있는 것이라고 이야기하는 계기가 되기도 한다.

퇴근하고 집에 오면 그날 아이들과 나눈 대화를 기록해 둔다. 그 대화는 새로운 프로그램의 아이디어가 되기도 하고, 정신없는 일상에서 놓쳐 버린 아이의 중요한 사인을 확인하는 역할도 한다. 그리고 이 작업은 자연스럽게 아이들과의 활동으로 이어진다.

가만히 앉아서 대화를 나누는 것도 좋지만 새로운 일을 만들어 함께 움직이며 생각하는 것 또한 즐겁다. 특히나 일반 학교라면 책을 가지고 하는 수업이나 봉사활동을 진행하기가 그리 쉬운 일이 아니다. 위험에 대해 민감하기 때문에 허락을 받아야 할 사람들이 많기 때문이다. 하지만 조금만 시선을 돌리면 할 수 있는 일이 많아진다. 학교에는 쉬는 시간, 점심시간, 방과 후, 방학에 생각보다 심심한 아이들이 많다. 꼭

　시간과 돈이 많이 드는 거창한 프로그램이 아니어도 좋다. 아이들과 그림책으로 도미노 놀이를 해도 좋고, 대화하다가 나온 책을 함께 찾아봐도 좋다. 책이 있는 곳은 그곳이 어디든 아이들의 실험실이 될 수 있다. 그렇게 아이들과 만나는 과정에서 아이들은 또 다른 선생님이 된다. 일찍 살림을 시작한 아이는 내게 쉽고 맛있는 국을 끓이는 법을 알려 주었고, 아빠와 사는 남학생에게도 큰 도움이 되었다. 타로점을 볼 줄 아는 아이는 좋은 또래상담자가 되었다.

　사람을 만나는 것은 정답이 없다. 매년 비슷한 문제를 가진 아이들을 만나게 되는 경우가 많지만 그 문제를 해결하는 데까지 걸리는 시간은 서로 다르다. 그리고 구조적으로 문제가 있는 경우도 있어서 해결 방법이 없을 때도 많다. 그렇다고 손을 놓고 있을 수는 없다. 생각하고 움직이는 것이 아니라 일단 움직이고 본다. 아이가 좋아하는 것을 찾아보기도 하고 좋아할 만한 것을 찾아내기도 한다. 혼자서 되는 일은 하나도 없으니 지원군을 찾아 나서기도 한다. 다행히 내 주위에는 든든한 동료인 아이들이 많다. 그러니 멈추지 말고 항상 움직이며 함께 걸어갈 수 있음에 힘을 얻어 보자!

외로웠던 유년 시절을
만난 아이

목소리가 큰 진경이

"저, 선생님 알아요!"

조용한 교무실이 울릴 정도로 큰 소리다.

"쉿! 진경아, 유치원 자원봉사 신청하러 온 거지?"

"네, 쌤! 제 이름도 아시네요."

여전히 목소리가 크다. 사실 이름을 외우고 있었던 것이 아니라 교복에 붙어 있는 이름표를 본 것이다.

"선생님은 항상 기분이 좋으신 것 같아요. 저도 그런데……."

유치원 자원봉사는 유치원생 25명을 네 개 조로 나누어 한 조에 중학생 한두 명이 그림책을 읽어 주고 독후 활동을 지도하는 4회 프로그램이다. 유치원생의 반응도 좋지만 중학생들이 이 프로그램을 통해 얻는 것이 더 많은 것 같아 방학 때마다 진행하고 있다. 진경이는 중학교 1학년이라 3학년 아이들의 보조 진행을 맡았다.

　첫 시간에 진경이네 조, 일곱 살 민서가 울기 시작했다. 각 조마다 다른 그림책을 준비했는데 민서는 진경이네 책이 싫다는 것이다. 어차피 4주 동안 돌아가면서 볼 책이라 다음 주에 보고 싶은 책을 보자고 해도 막무가내였다. 진경이가 땀을 흘리며 민서를 달래 보았으나 소용없었다. 다행히 유치원 선생님이 설득하자 민서는 다시 진경이네 조에 들어가서 끝까지 무사히 활동을 마쳤다.

　프로그램이 끝나고 평가를 하면서 진경이에게 어렵지 않았는지 물어보았더니 재미있었다고 짧게 이야기했다. 돌아가는 뒷모습이 풀이 죽어 보여 힘들면 다음 주부터는 조를 바꾸어도 된다고 했더니 "괜찮아요. 제가 좀 대책 없이 긍정적이라서요." 하며 뛰어갔다.

　아이들을 보내고 유치원 선생님에게 민서에 대해 물어보았더니 아침 7시 반에 유치원에 와서 저녁 10시에 부모님이 데려간다고 했다. 2년 동안 유치원을 다니면서 한 번도 결석을 한 적이 없을 만큼 가족 행사나 가족 여행이 없는 모양이라는 말도 덧붙였다. 그러다 보니 항상 부모의 손을 그리워하는데 부모님도 사는 것이 너무 힘들어서 그런지 한 번도 밝은 모습으로 아이를 데리러 오는 것을 본 적이 없다고 했다.

　그날 이후 민서와는 세 번을 더 만났고 겨울방학이 끝났다. 마지막 프로그램 시간, 진경이는 평소와 다름없이 큰 소리로 아이들을 안아 주며 일일이 인사를 해 주고 있었다.

　"그동안 재미있었어. 다음에 또 보자."
　"거짓말!"
　민서다.

"다시 보자는 거 거짓말이잖아. 아까 선생님이 오늘 마지막이랬잖아."

진경이는 당황하며 횡설수설하기 시작했다.

"너 이 동네에 사니까 지나가다 볼 수도 있고, 내가 놀러 오면 되잖아. 진짜 올 거야."

민서는 금방이라도 울 기세다.

"거짓말이야. 다시 못 만날 거잖아."

우리는 서둘러 유치원을 나왔다. 그리고 이번 활동 평가를 하고 민서의 상황을 설명해 주었다.

"선생님, 사흘만 학교 나가면 바로 봄방학이니 민서 만나러 가도 돼요? 저 민서 심정 이해할 수 있을 것 같아요."

마침 민서와 비슷한 상황의 유치원 야간반 아이들이 세 명 정도 있다고 해서 어렸을 때 방치(?)되었던 경력이 있는 우리 아이들 세 명이 모여 한 달 더 일대일 멘토를 해 주기로 했다.

그 다음 날부터 진경이는 민서를 만나 볼 책과 교안을 만들기 위해 나를 만나러 왔다. 민서랑 만날 책을 고르기 위해 그림책을 쌓아 놓고 열심히 읽었다.

『엄마는 나 없을 때 뭘 할까?』(이민경 지음, 강산 그림, 행복한상상)와 『나는 엄마가 좋아』(사카이 고마코 지음, 이선아 옮김, 중앙출판사), 『엄마 마중』, 『엄마를 화나게 하는 10가지 방법』 등 엄마랑 만날 시간이 적은 민서를 위해 엄마에 관한 책을 잔뜩 골랐다고 했다.

"그림책이 이렇게 좋은지 몰랐어요. 제가 어렸을 때 이런 책이 있었다면 이렇게 공부를 못하지 않았을 텐데……."

"그 그림책 대부분이 너 어렸을 때 있었던 거야. 하하."

진경이는 나와 엄마 이야기가 나오는 그림책을 읽으며 자기 이야기를 시작했다. 진경이는 막내 언니와 열여섯 살 차이가 나는 늦둥이다. 엄마는 지금 쉰이 훌쩍 넘으셨고, 언니도 서른이 넘었다. 어린 시절이나 지금이나 진경이는 항상 집에 혼자 있었다. 식당 일을 하는 엄마는 매일 새벽에 나가 밤늦게 들어오셨고, 시외버스 운전을 하는 아빠는 들어오지 않는 날이 더 많았다. 들어와도 술만 드시고 잠만 주무시는 아빠였다. 언니가 엄마를 대신해 진경이를 봐 주는 날이 많았지만 언니 역시 친구들에게 전화가 오면 나가 버리기 일쑤였다.

진경이가 대부분의 시간을 보낸 곳은 집 앞 놀이터였다. 친구들과 놀다가 친구 엄마들이 부르면 혼자 덩그러니 남았던 놀이터. 그 기억이 좋지 않아 진경이는 다른 친구들이 집에 갈 낌새가 보이면 먼저 집에 가야 한다며 바쁜 척했다. 나 역시 어렸을 때 부모님이 일하시는 데다 형제도 없어서 진경이의 심정을 이해할 수 있었다. 우리는 민서와 읽을 그림책을 선정하기 위하여 그림책을 펼쳐 놓고 누가 더 궁상맞은 짓을 했는지 내기를 하는 것처럼 이야기했다. 그러다가 많이 웃었다. 실컷 웃었다.

"선생님은 밝아서 좋아요. 초등학교 때, 선생님과 상담하면 선생님들은 불쌍한 표정으로 절 보셨어요. 아빠가 술 마시고 심하게 때리기도 해요. 언니는 심하게 다쳐서 입원한 적도 있거든요. 그런데요, 학교에 와서 친구들을 만나면 그냥 웃게 돼요. 그게 나아요. 우울한 건 딱 질색이거든요."

"내가 맘에 들었다니 영광인걸. 하하! 나도 성격상 "어머, 어떡하니? 맘 아파서. 흑흑." 뭐 이런 거 잘 못해. 차라리 "그래? 그럼 우리 뭐할까?" 이게 좋지."

진경이는 다음 날부터 민서와 한 시간을 만나기 위해 일주일을 고민하는 일을 계속했다.

그러던 어느 날 문득 진경이 목소리가 많이 작아졌다는 것을 알았다. 자신과 비슷한 아픔을 가지고 있는 유치원생과의 만남으로 이제 큰 소리로 말하지 않아도 들어 주는 사람이 있다는 것을 알게 된 것은 아닐까?

개학날이 다가왔다. 진경이는 한껏 들떠 교무실에 들어섰다.

"이번 방학은 참 유익하게 보낸 것 같아요. 참, 선생님, 제가 어떻게 선생님을 아는지 이야기했던가요? 선생님들께 인사하면 인상 쓰고 그냥 지나가는 분이 많아요. 그래서 제 인사를 못 들었나 하고 인사를 더 크게 하거든요. 그런데 선생님은 제가 작게 인사해도 항상 웃으면서 "응, 너도 안녕!"이라고 해 주셨어요. 그래서 쌤을 잘 기억해 뒀어요."

유치원에서 그림책 읽어 주기 자원봉사를 하고 나면 아이들 곁에 그림책이 많이 쌓인다. 그리고 아이들과 나누었던 이야기들도 풍성하게 쌓인다. 그 이야기들은 우리 아이들에게 좋은 추억이 된다. 그 추억들은 아이들이 힘들 때 꺼내어 쓸 수 있는 힘이 될 것이라 믿는다.

유치원 수업을 위해 고른 '엄마' 관련 그림책

❖ 『**엄마 마중**』 이태준 지음, 김동성 그림, 보림

나 이 책 보다가 울었잖아.
아가가 너무 불쌍해.
그 추운 날 애를 계속 엄마만 기다리고…….

마지막에 엄마 만나서 사탕 들고 가는 장면이
있으니까 엄마에게 받은 선물 이야기하면서
유쾌하게 수업을 끝내면 좋지 않을까?

그래, 이 책 앞부분에
우울한 이야기는 조금만 하고
뒷부분을 많이 이야기하는 걸로 하자.

● 추운 겨울날, 정류장에서 엄마를 기다리는 아이가 차례로 정류장으로 들어오는 전차의 차장에게 엄마가 언제 오는지 묻는다. 귀엽고도 애잔한 그림과 글로 엄마를 기다리는 아이의 마음이 잘 전해진다.

❖ 『**엄마를 화나게 하는 10가지 방법**』
실비 드 마튀이시윅스 지음, 세바스티앙 디올로장 그림, 이정주 옮김, 어린이작가정신

이 책 보고 애들이 따라하면 어떡해?
나쁜 짓을 가르쳐 주는 것 같잖아.

맨 뒤에 보면 엄마를 화나지 않게 하려면
이 반대로 하면 된다고 쓰여 있잖아.

애들이 그걸 보겠어?
앞부분만 보고 따라하려고 하지.

유치원 수업을 위해 고른 '엄마' 관련 그림책

 그래도 아이들은 재미있는 책을 더 좋아해. 너무 교훈적인 이야기는 아이들이나 우리나 다 재미없어. 그냥 신 나게 아이들이랑 놀자. 사실 엄마 때문에 속상한 아이들은 이럴 때 이야기해 보는 것도 좋을 거야.

● 말썽꾸러기 아이가 엄마를 화나게 할 방법을 열 가지나 가르쳐 주겠다고 한다. 무조건 어지르기, 온종일 비디오 게임 하기, 늦게 자기 등 기상천외한 방법들을 알려 주며 마지막에 엄마를 기쁘게 하려면 이것을 반대로 하면 된다고 알려 준다.

❋ 『엄마가 화났다』 최숙희 지음, 책읽는곰

 유치원 자원봉사할 때 이 책을 읽었는데 성공이었어.

 엄마가 화난 부분에서 애들이 무서워하지 않았어?

 아니. 책처럼 우리 엄마가 화낼 때를 얘기해 보니까 애들이 별별 이야기를 다 하더라고. 유치원생이라고 모르는 줄 알았는데 엄마한테 서운한 게 많더라.

 맞아. 나도 놀랐어. 우리는 왜 유치원생은 모를 거라고 생각했을까?

 그래, 그래서 이 책에서처럼 엄마들이 미안하다고 사과도 안 하는 거야.

● 아이는 좋아하는 짜장면을 먹다 보니 신이 났을 뿐인데, 멋진 그림을 그리다 보니 벽에까지 그렸던 건데 엄마는 불같이 화를 낸다. 엄마는 아이가 걱정되고 좋은 습관을 길러야 하니까 화를 냈을 뿐인데, 아이가 보이지 않자 당황한다. 아이와 엄마 사이에서 일상적으로 일어나는 갈등과 화해를 보여 주는 그림책이다.

관심이 필요한 아이

이야기를 하고 싶었던 승현이

• 학생들이 낙서한 창문

    4월부터 교육복지실 근처 화장실에 학생들이 낙서를 하기 시작했다. 아이들이 한 낙서를 보다가 아이들에게 마음껏 낙서를 하게 해 주면 더 좋겠다는 생각이 들었다. 마침 유리에 잘 써지고 잘 지워지는 유리 전용 펜이 있어서 아이들에게 나눠 주었다. 아이들은 신이 나서 멋진 작품부터 자신의 속마음을 솔직하게 표현한 글까지 다양한 낙서를 했다. 아이들이 그린 그림이 재미있어서 바로 지우지 않고 놔두었다. 그때 창문 밖에서 낙서를 바라보고 있는 승현이를 보았다.

승현이를 알게 된 것은 2년 전이다. 1학년 전체 학생들에게 '인터넷 중독 자가진단검사(K-척도)'를 실시한 적이 있었다. 그 결과 고위험군 학생 열두 명이 집단 상담을 받게 되었고 그중 한 명이 승현이었다. 그 당시 승현이는 다른 학생들에 비해 문제가 심각해 보이지 않았다. 상담사의 지시에도 잘 따랐고 공격성도 전혀 보이지 않았다. 항상 그렇듯이 주위 사람들을 괴롭히는 학생들을 먼저 만났고 이야기를 나누었다. 그렇게 승현이는 얼굴만 알고 지내며 2년이 지났다. 지나가면서 계속 눈에 띄긴 했지만 항상 더 급한 아이들을 만나느라 승현이를 한번 봐야지, 라고 생각만 하고 있었다.

"승현아! 너도 들어와서 낙서해도 돼."

밖에서 낙서하는 걸 부러운 듯이 바라보고 있어서 말을 걸어 보았다.

"들어가도 돼요?"

"그럼, 교육복지실 문 앞에 쓰여 있잖아. 아무 이유 없이 들어오셔도 됩니다, 라고."

승현이는 머뭇거리다가 잘 들리지 않은 소리로 말했다.

"저…… 그림 잘 그려요. 들어갈게요."

그리고 교육복지실까지 들어오는 데 또 시간이 걸렸다. 덩치가 큰 승현이는 행동이 무척 느렸다. 그런 데다가 교육복지실 안에 들어서자 잘 씻지 않고 땀을 많이 흘린 탓에 냄새가 났다. 반 아이들이 싫어할 것 같았다.

"멋진 작품 기대할게!"

승현이에게 색색깔의 유리 전용 펜을 주고 나는 하던 일을 계속했다. 교육복지실을 자주 이용하는 학생들과 인권에 관한 UCC 대회에 나갈 준비를 하고 있던 중이었다. 수연이와 계속 의견을 나누고 있던 중이었는데 교과서 안에 학생이 그린 낙서들이 살아 움직이는 콘셉트가 좋겠다는 이야기가 나왔다. 그때 수연이가 내게 귓속말을 했다.

"선생님, 저기 김승현 말이에요. 교과서에 낙서 많이 해요."

승현이는 창문 앞에 서서 무엇을 그릴지 고민하고 있었다.

수연이에게 우리가 나갈 대회와 무엇을 도와주어야 할지에 대해 승현이에게 설명해 달라고 부탁했다. 수연이는 승현이에게 그동안 우리가 함께 읽었던 책을 보여 주며 승현이의 그림이 필요하다고 했다. 그때 점심시간이 끝나는 종이 울렸다.

5교시가 끝나자 승현이가 교과서를 들고 나타났다. 얼굴이 제법 상기되어 있었다. 자기의 그림을 보여 주게 돼서 즐거운 모양이었다.

"이 그림 좀 봐 주세요! 수연이 이야기를 듣고 생각나는 대로 그렸어요." 하며 교과서를 수줍게 내밀었다. 급하게 처리해야 할 문서 작업을 하고 있었기에 빠르게 책장을 넘겼다. 그리고 그림을 보며 멋지다고 칭찬을 해 주었다.

"저기…… 삼각형의 활용…… 거기랑 뒤에 이차함수에도 있어요."

거의 다 보았다고 생각했는데 보지 못한 두 개의 그림을 정확하게 짚어서 이야기했다. 건성으로 본 것이 미안해 의자를 고쳐 앉아 승현이를 바로 바라보고 책장을 다시 넘겼다.

• 승현이의 낙서

그리고 그중에 좋았던 그림을 펼쳐서 마음껏 칭찬해 주었다. 그리고 우리의 감독님(?)에게 보여 주기로 하였다. 승현이는 수줍게 웃었다.

"저…… 동영상도…… 만들 줄 알아요."

수연이를 기다리는 동안 승현이에게 카메라를 주고 사진을 찍게 했다. 날씨가 그렇게 덥지 않았는데도 승현이는 교과서에 뚝뚝 떨어질 정도로 땀을 흘리고 있었다. 쉬는 시간이라 옆에서 놀고 있던 아이들이 힐끔거렸다. 교실에서는 험한 소리를 하는 아이들도 다행히 교육복지실에서는 대놓고 이야기를 하지 않았지만 분명 냄새 때문에 불편했을 것이다. 승현이가 땀을 흘리기 시작하자 승현이의 냄새는 더 심해졌다.

방과 후에 승현이가 다시 들어왔다. 6교시 수업 시간 동안 마음에 들지 않는 그림을 다시 그렸다고 했다.

퇴근을 해야 하는데 승현이는 집에 가지 않고 계속 컴퓨터에서 작업 중이었다.

"너 집에 전화 안 해도 돼? 늦었는데?"

"엄마는 집에 온 줄 알 걸요."

승현이는 남동생이 둘이나 있다. 동생들은 학교 끝나고 바로 학원에 가고 승현이는 PC방으로 간다. 부모님은 가게를 하시는데 아이들이 학교에 갈 때는 모두 주무시고, 새벽 2시가 다 되어 들어오신다고 했다. 5년 전까지는 아버지만 일을 하셨지만 갑자기 가게가 힘들어져서 어머니도 같이 일하게 되었고 그 후로 어머니는 집을 정리하는 것도, 아이들을 챙기는 것도 점점 손을 놓게 됐다고 했다. 승현이도 처음에는 동생들처럼 학원에 다녔는데 아이들이 뚱뚱하다고, 냄새난다고 놀려서 더 이상 다니지 않았고 1학년 때 인터넷 중독 진단 결과 때문인지 집에 컴퓨터가 고장 났는데도 부모님이 고쳐 주지 않는다고 했다.

"그냥 시간이 빨리 지나갔으면 좋겠어요. 되고 싶은 건 없는데요. 그냥 심심해요."

집에 딸이 기다려서 지금 퇴근해야 한다고 하며 승현이를 데리고 나왔다.

"저, PC방 가서 한 시간이면 UCC 다 완성할 수 있을 것 같아요. 내일 보여 드릴게요."

마침 지나가던 선생님 한 분이 승현이가 저렇게 말을 많이 하는 것은 처음 봤다고 말하고는 웃으며 지나가셨다.

헤어지면서 UCC 내용이 좀 아쉬워 여러 학생들이 생각하는 학생 인권에 대해 좀 더 고민해 보고 책도 읽어 보라고 했다.

승연이가 가장 먼저 고른 책은 『머리에 피도 안마른 것들 인권을 넘보다 ㅋㅋ』(공현 지음, 메이데이)였다. 교육복지실에서 책 제목을 보고 읽었다가 어렵다고 내던진 아이들도 여럿 있었다. 하지만 승현이는 끝까지 읽었다.

"제가 혁명까지는 못 하겠지만 문제 제기는 할 수 있을 것 같아요."

승현이랑 내가 이야기를 나누고 있으니 현진이가 끼어들었다.

"전 우선 우리 학교부터 인권 보호를 해야 한다고 생각해요. 선생님들이 이상한 애들 관리를 제대로 안 하니까 약한 애들, 아니 가만히 있는 애들이 피해 보는 거잖아요."

현진이가 이야기를 하니 승현이는 자리를 뜨려고 했다. 그래서 얼른 이 책이 어땠는지 물어보았다.

"네, 전 우리가 앞으로 써먹을 자원도, 보호받는 존재도 아닌 그냥 인간이라는 이야기가 좋았어요. 자꾸 뭘 하라고 하고, 해 주겠다고 하지 않고요."

주변에 있던 아이들이 승현이 쪽으로 고개를 돌렸다. 그리고 몇몇 아이가 고개를 끄덕였다. 승현이는 얼굴이 빨개졌지만 싫지 않은 눈치였다.

"선생님…… 다른 애들은 어떤 고민을 할까요? 정말 고민이 있긴 한 걸까요?"

문득 승현이가 예전에 내게 했던 질문이 떠올랐다. 이렇게 아이들과 조금씩 이야기를 시작하면 승현이도 언젠가 다른 사람과 생각을 나눌 수 있지 않을까?

인권에 관한 UCC를 만들며 함께 읽은 책

❖ 『**불편해도 괜찮아**』 김두식 지음, 창비

난 이 책을 보며
가장 기억에 남는 것이
'지랄 총량의 법칙'이야.
사람이 평생 할 지랄의 양이 있는데
만약 청소년 때 못 하면
어른이 돼서 하게 된다는 거지.

전 그럼 무난한 성인 시절을 보낼 것 같아요.
우리 엄마가 그러는데 저 어렸을 때부터
별났대요.

그런데 난 여기 나온 영화,
드라마를 많이 못 봐서
뒤로 갈수록 내용을 잘 모르겠더라.
물론 그걸 다 보고 읽어야 하는 건 아니지만.

전 여기 소개된 영화를 거의 다 본 것 같아요.
그런데 이 글을 쓴 사람처럼
생각하진 못했어요.
어려웠지만 재밌는 책이었어요.

어렵긴 했지?
더구나 우리는 성 소수자나 장애인,
노동자에 대해서는 아직 관심을
많이 가져 보지 않았으니.

● 김두식 교수가 80여 편에 이르는 영화, 드라마, 다큐멘터리를 인용하며 촌철살인의 말솜씨로 인권을 맛깔스럽게 풀어내고 있는 책이다. 청소년, 성 소수자, 여성, 장애인 인권처럼 일상적인 문제부터 시작해 노동자, 종교와 병역거부, 검열 등 국가권력의 문제를 거쳐, 인종차별과 제노사이드 같은 국제적인 문제까지 아우르고 있다.

인권에 관한 UCC를 만들며 함께 읽은 책

❋ 『인권은 대학 가서 누리라고요?』 김민아 지음, 끌레마

 부록인 '우리 학교의 인권 온도는 몇 도 인가요?'를 체크해 봤는데요. 여기에 모두 만족하는 학교가 우리나라에 어디 있겠어요?

 그런 걸 자각하는 게 중요해. 일단 너는 이제 '인권 감수성'이 살아나기 시작한 것이라고 볼 수 있어. 사람의 권리에 대해 좀 더 생각하게 된 거지.

● 7여 년간 국가인권위원회에서 일하며 수많은 청소년과 선생님, 학부모, 교육 관계자들과 만나 인권 수업을 해 온 저자가 청소년 인권의 현주소와 나아가야 할 방향, 꼭 알아야 할 청소년 인권의 의미와 내용에 대해 소개한다.

❋ 『십시일反』 박재동 외 지음, 창비

 인권 UCC 만들 때 가장 도움이 된 책이 뭐야?

 『십시일反』이요. 스토리 잡기 좋았어요. 짧은 내용부터 긴 내용까지 있으니까요. 그리고 만화라서요.

 사회 이슈에 맞춰 그린 시사만화들이 많았지.

 그래도 전 아직 동성애자들은 불편해요. 이해도 안 되고요.

 때론 그렇게 잘 몰라서 두려운 것도 있지.

● 사회계층, 빈부 격차, 노동, 교육, 국제분쟁, 여성, 장애인, 이주 노동자, 성 소수자 등 우리 사회의 차별에 대해 열 명의 만화가가 모여 그린 인권 만화책. 무거울 수 있는 주제지만 만화가들의 개성이 잘 발휘되어 부담 없이 읽을 수 있다.

말 걸기가 서툰 아이

멋진 특강을 마친 은영이

"그 책은 너무 유치한데……."

처음에는 내게 하는 말인지 몰랐다. 하지만 서가에 있는 사람은 은영이와 나뿐이었고, 나 역시 내가 들고 있는 책을 조금 살펴보고 너무 가볍지 않을까 하고 생각하던 참이었다.

"이 책 재미없어?"

"몰라요. 전 그딴 책 안 봐요. 우리나라 소설들은 너무 궁상맞거나 유치해요."

은영이 목소리가 사뭇 전투적(?)이다. 누가 들으면 혼내고 있는 것처럼 느낄 정도로 목소리가 높고 앙칼지다. 대화를 이어가고 싶지 않을 정도다.

은영이는 도서실에 오면 자주 만나는 아이다. 항상 혼자 다니며 점심시간에는 점심도 먹지 않고 바로 내려와서 이렇게 책을 골라 읽는다. 그래서 한번 이야기를 해 봐야지 했는데 자꾸 미루고 있었던 아이다.

아이들은 은영이를 잘난 체하는 아이라고 했다. 아이들이 다가가도 쌀쌀맞게 대하고 바라보는 것도 늘 째려보는 것 같다고 했다.

"네가 읽은 책 중에 재미있는 책 좀 알려 줘."

"쌤이 어떤 책을 좋아하는지 제가 어떻게 알아요?"

"난 소설을 좋아하는데 넌 어떤 작가 책을 주로 보니?"

"일본 작가나 프랑스 작가 것을 주로 보는데⋯⋯."

"난 일본 소설은 거의 안 읽은 편이야. 어떨 때는 성으로 불렀다가 이름으로 불렀다가 하니까 헷갈려서."

"그래요? 난 안 그런데⋯⋯."

그런 대화가 오가다가 내가 추천받은 소설은 『공중그네』였다. 은영이가 유명한 소설을 읽지 않은 나를 타박하고는 아주 잘난 척하며 권해 준 소설이었다. 책은 생각했던 것보다 훨씬 재미있었다. 주인공인 '이라부' 의사는 정말 유쾌한 사람이었다.

다음 날 1교시에 이 책을 반납하러 온 도서실에서 은영이를 또 만났다.

"읽을 만하죠?"

"읽을 만한 정도가 아니라 무척 재미있던데?"

은영이는 빠른 걸음으로 서가에 들어갔다가 바로 책 두 권을 가지고 나왔다.

"그럼 다음에는 『인 더 풀』을 보셔야 해요. 그리고 『면장 선거』. 이렇게 세 권이 이라부 의사 시리즈예요."

내가 말을 붙여 볼 틈도 없이 은영이는 빠르게 도서실을 빠져나갔다.

잠을 줄여 두 권을 모두 급히 읽은 후 다음 날 점심시간에 은영이를 기다렸다. 그날도 은영이는 4교시 끝나는 종소리가 나고 오래지 않아 도서실 문을 열고 들어왔다.

"은영아! 나 두 권 다 읽었어. 대견하지? 하하."

"전 하루에 다 읽었어요."

"그런데 난 뒤로 갈수록 별로던데. 사실 이라부 의사가 좀 더 대단한 인물이었으면 하는 기대감이 있었는데 뒤로 갈수록 그냥 생각 없이 사는 인물 같은 느낌이었어. 그래서 더 좋은 것 같기도 하지만, 굳이 그런 것을 알려 주지 않아도 될 것 같았는데 말이야."

은영이는 공격받은 것 같은 표정이 되었다. 그래서 좀 더 구체적인 인물 이야기를 시작했다. 그리고 『면장 선거』는 일본의 실제 유명 인물을 모델로 쓴 것이라고 하는데 우리나라도 마찬가지라는 이야기를 하며 연예인 이야기를 했다. 곧 점심을 먹은 아이들이 도서실로 몰려오기 시작했다. 나는 은영이에게 문방구에서 살 것이 있는데 잠시 같이 다녀오자고 했다. 그래야 조용하게 이야기를 나눌 수 있을 것 같았다.

은영이에게 점심을 안 먹어도 괜찮은지를 장난스럽게 물었다. 그러자 한 달 정도 아침과 점심을 안 먹고 있는데 버릇이 되어서 괜찮다고 했다.

"사실 엄마가 음식점을 하시는데 이웃 가게 아저씨가 저더러 많이 먹는다고 하는 거예요. 학교에서 급식도 많이 먹고 오지 않았느냐면서 말이죠. 그날부터 전 엄마 가게에서도, 학교에서도 안 먹어요."

은영이는 작고 통통한 것이 고집스럽게 보이는 아이였다. 그리고 또 다시 책에 대한 이야기를 나누었다. 고통에 오래 노출되면 그 사람의 뇌가 고통을 견디지 못하고 이상이 생겨 정신적인 문제가 발생하는 것 같다는 이야기를 했다. 은영이는 자신도 정신과에 가 보고 싶다고 했다. 이제까지 진정한 친구가 없었던 것 같다며 말이다. 교실에서도 자신이 먼저 다가가지 않으면 아무도 자기 곁에 오지 않는다. 게다가 한 달째 급식을 안 먹고 있는데 아무도 자기에게 왜 급식을 먹지 않는지 물어보지 않았다. 그게 문제는 아니라는 이야기를 몇 번이나 했지만 많이 서운했던 모양이다. 엄마도 언니가 고3이니 자신에게는 신경을 쓰지 않는다고 했다.

"그리고 제가 급식을 먹지 않은 이유 중 하나는 급식비가 너무 비싸서예요. 잘 먹지도 않고 맛도 없는데……. 엄마 가게가 좀 어렵거든요. 엄마랑 엄마 친구랑 두 분이서 동업하는 건데 그날도 제가 엄마 가게에서 밥 먹고 있을 때 아저씨가 "네가 이 집 음식 다 거덜 낸다."고 했거든요. 엄마는 별말 아니라는데 너무 화가 나요. 그렇다고 제가 화를 낸 건 아니에요. 사실 저는 아무에게도 화를 안 내요. 그런데 사람들은 자꾸 제게 화가 났는지 물어요."

은영이에게 가장 관심 있는 것을 물었더니 '비즈 공예'라고 하였다. 나는 뭔가 재미있는 프로그램을 기획해서 방학 동안 특강을 마련한다. 학기 중에 할 수 없었던 프로그램을 잘 모아 놓았다가 마음에 남는 아이들과 방학 때 그렇게 만난다. 그래서 은영이에게 방학 동안 비즈 공예 교실을 열어 비즈 공예 강습을 해 보는 것이 어떻겠느냐고 물었고 은영이는 흔쾌히 승낙했다. 그날부터 은영이는 내게 매일 문자를 보내 왔다. 언제 재료를 사러 동대문 시장에 갈 것이며, 필요한 것은 무엇 무엇이 있는데 준비해 줄 수 있는지, 그리고 강습을 받을 아이들을 구하였는지……. 은영이는 방학 동안 일주일에 한 번 총 4회 프로그램을 짰고 동대문 시장을 몇 번 오가며 재료도 준비했다. 자신의 재료들도 선뜻 내놓았으며 마지막 날에는 강습을 받는 아이들을 위하여 재료와 함께 초콜릿과 사탕을 예쁘게 개별 포장해서 왔다.

은영이는 정말 훌륭한 강사가 되었다. 누구보다도 세심하게 강습생들을 챙겼으며 준비도 철저했다. 그리고 두 시간으로 예정되어 있던 강습 시간은 매번 할 때마다 네 시간을 넘겼다. 그러는 동안 은영이는 책에서 조금씩 나와 아이들 곁으로 가기 시작했다.

수업을 시작하기 두 시간 전부터 와서 준비를 하는 은영이에게 말을 걸었다.

"나 어제 『남쪽으로 튀어!』(오쿠다 히데오 지음, 양윤옥 옮김, 은행나무) 보느라고 새벽에 잤더니 졸리다."

"그 책, 영화로도 나왔대요. 쌤이 주신 『두근두근 내 인생』은 재미있게 보고 있어요. 쌤 말대로 궁상맞은 이야기를 발랄하게 쓴 것 같던데요. 저도 주인공처럼 상황이 힘들어도, 쿨하고 당당하게 살고 싶어요."

쿨한 주인공이 나오는 소설

❖ 『내 이름은 망고』 추정경 지음, 창비

 이 주인공은 쿨한 척하지 않으면 정말 살 수가 없겠다.

 저도 엄마한테 가장 많이 쿨한 척하는 것 같아요. 요즘 같은 세상에 아빠가 없을 수도 있잖아요. 그런데 엄마는 아직도 제게 미안하다고 해요.

 그렇겠다. 같이 슬프면 우울해지니까…….

• 가출한 엄마 대신 캄보디아에서 한국인 관광객들을 이끌게 된 열일곱 소녀 수아의 모험담을 그린 작품이다. 캄보디아 소녀 쩜빠 역시 몸이 아픈 자기 엄마를 대신해 현지 가이드를 자처하고 둘은 티격태격하면서도 맡은 일을 씩씩하게 해내고 서로 마음을 열게 된다.

❖ 『위풍당당 질리 홉킨스』 캐서린 패터슨 지음, 이다희 옮김, 비룡소

 표지를 보니 얘한텐 뭔가 특별한 게 있을 것 같아요.

 열세 살 소녀가 세 번이나 위탁 가정을 옮겨 다니는 이야기야. 언젠가는 엄마가 자기를 찾아올 거라고 생각하는데 알고 보니 버려진 것이 맞았어…….

 이런, 불쌍해요.

 아니야. 다행히 주인공은 당당했어. 표지에 그려진 아이처럼 말이지.

• 세 살 때 엄마에게 버려지고 위탁 가정을 전전하며 살아가지만 언제나 당당한 질리가 새 위탁모 트로터 아줌마와 함께 살면서 사람들과 관계 맺기에 대해 배우고, 험난한 인생에 맞설 힘을 갖게 된다는 이야기다.

❖ 『두근두근 내 인생』 김애란 지음, 창비

 이 책 봤어요? 재미나요.
우울하고 슬프지만 궁상맞지 않은 거,
우리 좋아하잖아요.

 응. 우연히 라디오 광고하는 것을 듣게 되었는데
내용이 재미있을 것 같아서 읽었어. 재미있더군.

 영화는 어떨까 궁금하긴 해요. 근데 요즘은 소설이
영화로 너무 많이 나오는 것 같아요.

● 열일곱 철없는 부모에게서 태어난 아이 '아름'은 사랑을 받으며 누구보다 씩씩하고 밝게 자란다. 하지만 아름에게는 미처 다 자라기도 전에 누구보다 빨리 늙어 버리는 병, 조로증이 있다. 이 가족을 배경으로 삶의 의미에 대해 섬세하게 그려낸 소설이다.

❖ 『공중그네』 『인 더 풀』 『면장 선거』
　오쿠다 히데오 지음, 이영미·이규원 옮김, 은행나무

 쿨한 주인공의 같은 여기 나오는 사람들이에요.

 그러게 주인공 의사뿐만 아니라 간호사까지.

 진료를 받으려면 받고 싫으면 말라는 식의…….
책 읽으면서 의사 모습이 상상되더라고요.

● 별난 정신과 의사 이라부와 간호사 마유미를 찾아오는 가지각색의 사연을 가진 마음이 아픈 사람들의 이야기를 담은 소설이다. 어딘가 수상해 보이는 정신과 병원을 배경으로 의사 이라부와 여러 환자들이 벌이는 요절복통 사건들이 웃음 속에 시원함을 선사한다.

성폭력의 기억에서
벗어나고 싶은 아이

이제는 정말 행복해져도 좋을 희영이

아직은 깜깜한 새벽, 휴대전화 창이 환하다. 머리맡에 둔 안경을 더듬어 쓰고 휴대전화를 들었다.

너무 무서운 꿈을 꿨어요. ㅠㅠ

희영이다. 짐작 가는 일은 있지만 며칠 전에 만났을 때 분명 잘 있다고 했다. 다 잘되고 있고, 앞으로도 잘될 거라고 확신에 찬 목소리로 이야기했다. 대학에도 갔고, 남자친구도 있으며, 2학기 때는 장학금도 받았고, 교수님들께 인정도 받고 있으니 취업은 걱정 없을 거라며 자랑이 늘어선 희영이에게 차마 그게 그렇게 없는 일처럼 지낼 수 있는 것이 아니라는 이야기를 꺼내진 못했다.

그 일이 일어난 지 벌써 4년이 지났다. 중학교 3학년, 그렇게 작고 예쁜 아이가 온몸을 떨며 친구와 함께 내게 왔던 그날, 나는 우리가 늦은 밤에 만났던 커피숍에 놓여 있던 머그컵의 작은 무늬까지도 기억난다.

희영이는 말을 못 했다. 자기 앞에 놓인 식어 버린 레몬차를 쳐다보지도 못했다. 커피숍 안은 살짝 덥기까지 했는데도 아이는 몸을 떨며 점점 더 고개가 아래로 내려갔다. 희영이와 같이 온 친구인 혜진이가 이야기를 시작했다.

희영이네는 10년 전, 아버지가 돌아가신 후 엄마가 가장 믿고 의지하던 이모네 집 옆으로 이사했다. 엄마는 이모와 함께 식당 서빙을 시작했고, 경제적으로는 무척 어려웠지만 행복했다. 이모부도 친절했고, 나이 차이가 많이 나는 무뚝뚝한 오빠만 있다고 투덜거리던 귀여운 사촌 동생은 희영이를 잘 따랐다. 그래서 공부를 좀 못하는 것, 언니랑 같은 방 쓰기가 너무 힘든 것 등 사소한 고민거리들이 세상의 전부인 줄 알고 살았다. 그 고민거리 중 몇 가지는 희영이에게 들어서 나도 알고 있었다.

그러다 4년 전 겨울, 3학년만 외부에 나갔다가 일찍 끝나서 집으로 돌아가던 중 비가 왔다. 몸이 흠뻑 젖었는데 감기가 걸릴 것 같았다. 희영이네 집은 욕조가 없는데 이모네 집에 욕조가 있는 것이 생각났다. 이모네 집에는 아무도 없으니 살짝 쓰고 깨끗이 치워 놓기만 하면 된다고 생각했다. 열쇠는 어디에 있는지 잘 알고 있었다.

한참 목욕을 하고 있는데 밖에서 인기척이 났다. 허락도 받지 않고 목욕탕을 쓴 것이 미안하기는 했지만 그래도 가족인데 하는 생각에 "희영인데요. 목욕 중이에요."라고 일부러 명랑하게 이야기했다. 목욕을 마치고 나오니 사촌 오빠가 있었다. 그리고 그 일이 일어났다.

그 뒤에 일어난 일은 기억나지 않는다고 했다. 오빠가 생리 마지막 날을 물었고, 그럼 다행이라고 했던 것 같으며, 아무 일 없었던 듯 평소처럼 저녁을 같이 먹었다. 그날 평소와 조금 다른 것이 있었다면 오빠가 저녁 먹은 후 물을 마시며 이모에게 "보리차야?"라고 물은 것뿐이었다. 그런데 희영이가 가장 견디기 힘든 것은 그날 저녁 오빠가 이모에게 물어본 바로 그 말이었다. 평소에는 집에서 말 한마디도 하지 않던 오빠가 그날은 소리를 내어 말을 한 것이다. 자기에게 생리일이 언제였는지를 물어본 것과 같은 목소리로 "보리차야?"라고 말했다.

혜진이가 이야기하는 동안 희영이는 그냥 계속 몸을 떨고 있었다. 혜진이는 희영이의 손을 잡아 주며 말했다.

"선생님! 제일 문제는 이 바보가 자기 잘못이 크다고 생각하는 거예요."

가족 성폭력! 여러 이야기를 듣게 되지만 그때마다 참 쉽지 않은 문제다. 아니 다시는 만나고 싶지 않은 문제다. 가족이라는 '더러운', '지저분한'(더 이상 적절한 단어를 찾지 못하겠다.) 관계 속에서 피해자인 아이들이 더 심한 상처를 받는 것을 보았기 때문이다. 우선 희영이에게 혜진이처럼 좋은 친구가 있는 것을 고맙게 생각해야 한다고 이야기하고 희영이가 할 수 있는 여러 가지 방법에 대해 설명해 주었다. 그리고 엄마에게 알리자고 설득했다. 지금 엄마라는 역할을 하고 있는 내 입장에서 아무리 생각해 봐도 알리는 것이 맞다고 했다.

"아빠 돌아가시고 웃기 시작한 것이 얼마 되지 않았는데······. 이제 엄마도 행복해지셨으면 좋겠어요. 엄마가 이모 옆에 있다고 좋아했는데, 그리고 오빠는 이모네 집 장손이라는데."

이제야 희영이가 울기 시작했다. 한번 시작된 울음은 그칠 줄 몰랐고, 혜진이와 내가 함께 희영이를 좀 더 설득시킨 후에 나는 희영이 엄마를 만날 수 있었다. 이야기는 희영이네 거실에서 나누었고, 희영이는 방에 들어가 있었다.

희영이 엄마는 한눈에 봐도 희영이보다 더 작고 약한 사람처럼 보였다. 밤늦도록 음식점 서빙 일을 해서 무척 지쳐 보였고, 차라리 밝은 날에 희영이 엄마가 좀 기운을 차리면 다시 찾아올까, 하는 생각까지 들었다. 하지만 이야기가 시작되자 희영이 엄마는 희영이보다 강해 보였고, 묵묵히 내 이야기를 듣고 있었다. 그리고 희영이에게 선생님처럼 찾아가서 이야기할 수 있는 사람이 있어서 다행이라며 거듭 내게 고마워했다. 엄마는 여전히 힘들어 보였지만 울지 않았고, 담담해 보였다. 나는 살짝 걱정이 되어 희영이 잘못이 아니고, 신고가 가장 좋은 방법이며, 희영이가 사촌 오빠를 보게 하면 안 된다고 당부하며 집을 나왔다.

그 후 신고는 하지 않았지만 희영이네 집은 이모네 집과 조금 떨어진 곳으로 이사를 갔고 사촌 오빠는 바로 군대에 갔다. 나는 학교를 옮겨서 매일 희영이를 만날 수 없게 되었지만 희영이는 잘 해결되었다며 내게 고맙다는 문자를 보내왔다.

그 당시 나는 희영이에게 이야기 한 편을 들려주었다. 『유진과 유진』(이금이 지음, 푸른책들)이라는 책에 나오는 이야기인데 유치원에서 똑같이 성추행을 당한 아이들이 부모의 대응 방식에 따라 다른 청소년기를 보내고 있다는 점을 강조했다. 그리고 트라우마에 대해서도 자세히 설명해 주었다. 희영이는 나와의 만남 이후 엄마가 달라졌다고 했다. 이모와도 만나서 이야기했고, 그래서 사촌 오빠는 빨리 군대에 가게 되었으며 며칠 되지 않아 이사도 뚝

딱 끝냈다. 그렇게 모든 것을 끝마치고 나니 희영이도 자신에게 일어난 일이 꿈인가 싶었다. 그렇게 될 수도 있을 것 같았다. 나중에는 이모네 집에 혼자 다녀오기도 했다. 사촌 오빠를 만나는 일은 아직도 껄끄럽기는 하지만.

여전히 날은 밝지 않았다. 나는 희영이에게 네가 오늘 꾼 악몽이 그 일과 관련된 것이 아니냐고 물었다. 희영이에게 맞다는 답장이 왔다. 그리고 이모네 집에 가는 것도 엄마에게 자신이 괜찮다는 것을 보이기 위해서가 아니냐고 물었다. 희영이는 "ㅠㅠ"라고 답장을 보내왔다. 사실 며칠 전부터 누군가가 부르는 것 같은 이상한 소리도 들린다고 했다. 나는 희영이에게 네 마음이 괜찮지 않으니 꿈으로, 몸으로 네게 신호를 보내는 것 같다고 말했다. 이번에 외면하면 나중에 더 힘들어질지 모른다고 협박도 했다. 다행히 희영이는 내 말을 들었다. 그래서 같이 성폭력 피해자 상담소에 가기로 했다. 그 일을 다시 입 밖으로 내기도 힘들 것 같다고 해서 전화 상담은 내가 해 주었으며, 상담소에도 같이 가기로 했다.

사촌 오빠는 어찌 지내고 있느냐는 내 물음에 벌 받았는지 계속 취직도 안 되고, 교통사고도 났다고 했다. 그러면서 아빠가 하늘에서 벌주고 있는 것 같다고 했다. 희영이는 언니나 엄마보다도 자신을 제일 사랑했던 아빠가 살아 계셨으면 이런 일은 당하지 않았을 것 같다고 했다. 나는 희영이가 보낸 문자를 보면서 하늘에서 속상해하고 계실 희영이 아빠의 모습이 그려져 해가 환하게 뜰 때까지 계속 눈물이 났다.

내일은 희영이를 만날 것이다. 예쁜 카페에서 같이 차도 마시고 산책도 한 후 성폭력 피해자 상담소에 가기로 했다. 억지로 괜찮다며 숨겨 놓은 감정의 찌꺼기들 때문에 희영이가 더 이상 아프지 않게 최선을 다해 도와주고 싶다.

성폭력을 당한 주인공이 등장하는 책

성폭력을 당한 아이들에게 이 책을 권하면 안 된다. 다른 사람들이 그 아이들의 심정과 주변 상황을 이해하기 좋은 책들이다.

❋ **「도가니」** 공지영 지음, 창비

 쌤, 당연히 이 책 읽으셨죠?

 아니. 자신이 없더라. 내용을 대충 아는데 난 못 읽겠어. 실화라고 하니 더…….

 읽으셔야죠. 저 이 책 읽고 화가 나서 잠을 못 잤어요. 도가니법이 생겼다고 하는데 이제 이런 일이 안 생길까요?

● 광주의 모 장애인 학교에서 자행된 끔찍한 성폭력 사건에 대한 취재를 바탕으로 쓴 소설로, 약자 중의 약자인 장애아 편에 서서 거짓과 맞서 싸우는 보통 사람들의 분투와 고민이 펼쳐진다.

❋ **「독이 서린 말」** 마이테 카란사 지음, 권미선 옮김, 사계절출판사

 아무 생각 없이 읽었는데 무슨 추리소설 읽는 줄 알았어.

 맞아요. 저도 이 책을 한 번에 다 읽을지는 몰랐어요.

 마지막에는 정말 가슴 졸이며 읽었어.

 이거 실화일까요? 그런데 이런 일들이 있으니까 소설로 나오지 않았을까요?

● 한 소녀가 겪은 성폭력에 관한 끔찍한 기억을 추리 기법을 사용해 그려낸 스페인 청소년 소설이다. 4년 전 바르바르라는 소녀가 실종된 사건을 맡았던 로사노 형사가 정년퇴임을 하루 앞두고 바르바르의 소식을 알게 되고 범인을 추적하는 과정을 그린다.

색다른 취미를 가진 아이

거미를 좋아하는 혜진이

　　　　　　북아트 방학 특강, 다른 아이들은 내가 미리 만들어 온 예시 작품을 보며 빨리 만들기를 시작했으면 하는 눈치인데 뚱한 표정의 여자아이가 계속 눈에 들어왔다. 이 수업은 무료인 데다가 신청자만 받았기 때문에 억지로 온 것도 아닐 텐데 무척이나 조그만 그 여자아이는 휴대전화만 바라볼 뿐 얼굴도 들지 않았다. 혜진이라고 했다. 표정도 없는 데다 목소리도 작고 질문을 해도 짧게만 답해서 더 이상 대화가 이어지지 않았다.
　수업이 시작되고, 아이들은 기본 팝업에 대한 설명을 듣고 자신이 좋아하는 것 세 개를 그려 기본 팝업 카드에 붙이기 시작했다. 하지만 혜진이는 뭘 하나 그려 놓고 계속 휴대전화만 힐끔거리고 있다. 다가가 보니 종이 위에 '?'라고 물음표만 하나 그려져 있다.
　"와! 넌 질문을 좋아한다는 거구나. 멋지다!"

"아닌데요. 그냥 뭘 할지 몰라서 한 건데요."

같은 말을 해도 이렇게 예쁘지 않게 하다니…….

"미안, 힘들면 좀 구체적으로 생각해 볼래? 휴대전화 사진첩에서 좋아하는 것을 찍은 사진을 보면 좀 더 쉽지 않을까?"

이렇게 이야기하고 돌아서려는데 혜진이의 휴대전화에서 무척이나 커다란 '거미'를 보았다.

혜진이는 거미를 키우고 있다. 그것도 털이 복슬복슬 나 있는 '타란툴라'라는 거미다. 털에는 약간의 독이 있어서 손이 간질거리기도 한다. 혜진이는 거미의 첫 탈피를 기다리고 있는데 탈피하고 난 다음 껍질을 쭉 모아 간직하는 것이 소원이다. 혜진이는 거미를 무척 귀여워한다. 털도 부드럽고, 긴 다리로 기어 다니는 모습도 귀엽단다.

"거미는 사람에게 해를 끼치는 해충이 아니다.", "지구상에 거미가 사흘만 없어도 지구는 벌레 때문에 멸망할 것이다."라는 말을 인용하며 혜진이는 거미의 좋은 점을 강조했다. 그래도 많은 사람들이 거미를 좋아하지 않는 것은 다행이라고 생각한단다. 다른 사람들과 같아지는 것은 싫기 때문이다.

북아트 특강은 사흘 동안 이어졌다. 알고 보니 혜진이는 중학교 들어와서 첫 방학에 만들기를 좋아하는 친구와 북아트 수업을 듣기로 약속했지만 첫날에 그 친구는 오지 않았다고 한다. 사연을 들으니 처음 혜진이의 행동을 이해할 수 있었다.

처음에 혜진이의 거미 사진을 보고 차마 귀엽다거나 예쁘다는 말이 나오지는 않았다. 수업을 듣는 다른 아이들도 모두 인상을 찌푸렸고 거미에 대해 궁금해하지 않았다. 나는 혜진이에게 독은 없는지, 먹이는 무엇을 먹는지, 다른 가족들은 싫어하지 않는지 등을 물어보았고, 혜진이는 정성껏 대답해 주었다. 그러는 과정에서 다른 아이들이 거미의 먹이 '밀웜'에 대해 관심을 가지기 시작했다. 거미에게 살아 있는 먹이를 주기 위해 '밀웜'이라는 애벌레를 주는데, 그중 '슈퍼밀웜'은 거미를 공격할 수도 있으니 주기 바로 직전에 죽여야 한다고 했다. 우리는 마치 공포영화 이야기를 듣듯이 혜진이에게 거미 이야기를 들었다. 혜진이는 거미 덕분에 다른 아이들과 금세 친해져서 만들기를 하면서 소소하게 이야기도 나누었다. 나는 첫째 날 수업을 끝내고 혜진이와 더 이야기를 나누고 싶었기 때문에 도서관에 가서 거미와 관련된 책을 찾았다.

둘째 날, 아이들에게 책을 소개하는 동영상을 만들어서 '북트레일러' 대회에 내 보자고 했다. 주제는 '거미'로 하자며 어제 도서관에서 찾아온 거미 관련 책 열 권을 아이들에게 보여 주었다. 유아용 책부터 전문 서적까지 다양한 책을 보여 주었다. 처음에 몇몇 아이들은 사진이 징그럽다며 책을 펼치는 것마저 싫다고 했다. 반면 혜진이는 책을 꼼꼼히 보았다. 그러고는 『파브르 곤충기 4: 전갈의 전투』(오쿠모토 다이사부로 지음, 이종은 옮김, 미래사)에 나오는 '나르본늑대거미'를 아이들에게 보여 주었다. 귀여운 거미 그림이 그려져 있었고 내용도 무척 재미있었다. 혜진이는 내게 처음으로 웃으면서 이야기했다.

"좋은 책을 많이 골라 오셨네요. 왜 사람들이 고전이 좋다고 하는지 알겠어요. 다른 책도 좋지만 역시 어린 시절 읽었던 『파브르 곤충기』가 최고인 것 같아요."

아이들과 책을 살피면서 동영상 제작을 위한 스토리를 함께 짜고 역할 분담을 했다. 처음에는 거미가 싫었으나 거미소녀가 등장하여 책을 소개해 주니 거미를 좋아하게 되었다는, 약간은 식상한 내용이었다. 그림을 잘 그리는 아이가 거미소녀를 그리고, 다른 아이들은 거미의 좋은 점, 거미의 오해와 진실에 대한 자료를 모으고 혜진이는 다양한 거미 모습을 인터넷에서 찾기로 하였다. 대상도서는 『파브르 곤충기』보다 사진이 잘 나와 있는 『거미박사 김주필의 거미 이야기』로 골랐는데 절판되어서 『거미야 놀자』라는 좀 더 쉬운 책을 선택했다.

자료도 찾고, 함께 설정 사진도 찍으면서 우리는 혜진이를 거미소녀라고 불렀다. 아이들은 한 학기를 혜진이와 같은 학교에서 지냈지만 혜진이가 있는지도 몰랐다고 했다. 하지만 여기에서는 궁금한 것을 물어보면 다 대답해 주는 혜진이가 정말 박사님 같은 존재였다.

셋째 날, 북아트 수업을 하면서 우리는 가족 이야기를 나누게 되었다. 그리고 혜진이에게 남동생이 있다는 것을 알게 되었다. 남동생과 11개월 터울인데, 덩치는 혜진이의 두 배라고 했다. 혜진이는 올해 중학교에 입학하며 동생이 입지 않는 교복을 입고, 동생이 다니지 않는 학교에 다니는 것이 참 좋았는데 내년이면 같은 중학생이고, 게다가 같은 중학교를 다니는 게 살짝 걱정된다고 말했다. 누군가 동생이 "너"라고 부르지 않는지를 물었다.

"그런 적 없어. 어렸을 때부터 동생한테 져 본 적이 없어. 지금도 말로 이기니까. 그리고 동생은 거미나 밀웜을 풀어 놓을까 봐 내 방에 들어오지도 않아. 그리고 학교에서도 내 인터넷 홈페이지를 보고 엽기적인 아이라고 소문나서 그런지 건드리지 않는 것 같아."

혜진이는 자신의 홈페이지를 보여 주었다. 각종 벌레들이 홈페이지를 가득 채웠다. 이제 조금 적응될 만한 거미도 총천연색으로 보니 무척이나 징그러웠다.
　마지막 날, 혜진이가 거미를 데리고 왔다. 동영상에 쓸 사진도 같이 찍고, 궁금해하는 아이들에게 보여 주고 싶었던 모양이다. 수업 시간 내내 거미가 긴 다리로 내게 튀어오를 것 같아서 불안했다. 하지만 처음에는 무서워하던 아이들이 가까이 가서 관심을 보이니 혜진이는 무척 기분이 좋아 보였다. 게다가 우리 모두 사흘 동안 함께 동영상을 만들면서 이제 거미에 대해 아는 것이 많아졌다. 특히 거미가 얼마나 고마운 존재인지를 알았다. 그래서 집에서 본 거미에 대해서도 이야기 나누고, 거미도감을 찾아보기도 하였다.
　"애들이 착해요. 한 학기 동안 몰랐어요. 그냥 학교가 다 맘에 안 들었는데……. 선생님들도 저만 싫어하는 것 같고……. 아무튼 선생님, 나중에 특강 또 해요!"
　우리는 완성한 동영상을 함께 보며 한껏 시사회 분위기를 냈다. 이제 상을 받고 못 받는 것은 문제가 되지 않았다. 거미 덕분에 나는 혜진이와 친해지게 되었고, 혜진이는 모르는 아이들과 빨리 친해지게 되었다. 첫날보다 혜진이 표정이 한결 부드러워져 있었다. 둘째 날부터 함께한 학교에서 유일한 혜진이 친구라는 아이도 혜진이가 이렇게 말을 많이 하는 것을 처음 봤다며 놀랐다.
　그때 첫날부터 거미 사진은 보고 싶지도 않다던 아이가 소리쳤다.
　"거미가 다리를 버둥거리며 애교를 부려요!"

거미 소녀가 추천하는 거미 관련 책

❖ **『거미야 놀자』** 김주필 · 박병주 지음, 허한슬 그림, 써네스트

 김주필이란 분이 거미 박사라고 해서 그분이 쓴 책을 찾아보니 여러 권 있더라고요. 다 좋았는데 이 책이 제일 재미있어요. 『거미박사 김주필의 거미 이야기』라는 것도 있는데 그건 저한테 어려웠어요. 이 분이 쓰신 『타란툴라 키우기』란 책도 있으니 한번 키워 보시는 것도 좋고요.

 그런데 자다가 막 내 얼굴 위에 올라와 있고 그럼 어떡해? 거미는 눈도 많다며? 막 마주치면……. 생각만 해도 무섭군.

 크크, 그럴 일은 없어요.

● 거미에 대한 전설, 사냥법, 천적 피하는 방법 등을 어린이의 눈높이에 맞춰 알기 쉽게 설명했다.

❖ **『거미 얘기는 해도해도 끝이 없어』** 김순한 지음, 이민선 그림, 우리교육

 이 책을 보면서 저도 거미에 이름을 붙이고 싶어졌어요. 제가 처음 찾은 거미에 제 이름을 붙이면 좋겠어요. 엄마는 제가 매일 거미만 들여다보고 있으니 그런 건 직업으로 하면 돈 안 된다고 하는데, 오히려 취미로 해야 평생 할 수 있을 것 같다는 생각이 들었어요. 이 책의 남궁준 선생님처럼요.

 나도 너희를 취미로 만났어야 했어. 하하.

● 거미 박사 남궁준 선생의 일생을 이야기한 인물 이야기책이다. 그는 중학교 선생님으로 지내면서 45년 동안 거미와 동굴 생물 연구에 온 힘을 기울였다. 그 결과 대한민국에서는 거미와 동굴에 관련해서 1순위로 뽑힐 만큼 전문가가 되었다.

음식에 집착하는 아이

먹을 때만 즐겁다는 서영이

처음 만난 서영이는 불편했다. 중학교 1학년인데도 마치 대여섯 살 아이처럼 자기만 보라고 하는 것 같았다. 과도하게 내게 잘 보이려고 했고, 아이들에게도 상냥하게 대하려고 했다. 아이들이 이야기를 하고 있으면 무조건 관심을 보이며 끼어들려고 했다. 그러다가 면박도 많이 당했고, 내게 혼도 났다. 하지만 서영이는 그때뿐이었다. 서영이가 노력한다는 생각이 조금도 들지 않을 정도로 서영이는 아이들의 대화에 끼어들기 바빴다. 내게도 무척 관심이 많았는데 아이들과 심각한 이야기를 나누고 있다는 것을 뻔히 알 수 있는데도 서영이는 해맑게 웃으며 다가왔다.

처음 사건은 급식 시간에 일어났다. 서영이와 같은 반 아이가 급식을 먹고 내게 와서 일렀다.

"선생님, 서영이 때문에 난리 났어요. 서영이가 급식 당번인데 맛있는 반찬을 자기만 잔뜩 받은 거 있죠. 그리고 밥은 정말 산더미같이 쌓았어요."

처음에는 서영이가 먹는 것을 좋아한다고 하기에 다른 사람보다 조금 많이 받는 정도인 줄 알았다. 하지만 그 아이의 설명으로는 반찬은 여섯 배 정도 많이 받았고, 밥은 정말 쌓을 수 있는 최대라고 했다. 급식판에 그렇게 많이 담을 수 있다는 것이 믿어지지 않는다며 말이다. 문제는 남자아이들이 서영이가 밥 먹는 것을 보며 심하게 놀렸는데도 서영이는 끝까지 밥을 먹었다는 것이다. 말을 전하는 아이는 서영이가 어른들 말대로 걸신들린 것 같았다고 했다.

점심시간이 다 끝나갈 무렵 서영이가 내려왔다. 울었는지 눈이 빨갰다. 모르는 척 서영이에게 무슨 일인지 물어보았다.

"남은 음식이었다고요. 제가 급식 당번이라 제일 마지막에 뜨잖아요. 버리는 것보다 낫지 않아요? 저 아침도 못 먹었는데……. 더 많이 먹을 수도 있다고요. 엉엉……."

큰 소리로 이야기하는 바람에 주변에 있는 아이들이 듣고 말았다. 서영이는 우는데 아이들은 "더 많이 먹을 수 있다고 우는 거야?" 하면서 웃었다. 나도 살짝 어이가 없었다.

점심시간 끝나는 종이 울렸다. 서영이는 울음을 멈추고 내 책상 위에 무언가를 바라보았다. 아침에 누군가 준 떡이 놓여 있었다. 혹시 먹을 건지를 물었더니, 서영이는 울었더니 배가 고프다며 들고 갔다.

그 이후로도 서영이의 식탐은 계속되었다. 아이들이 무언가 먹고 있으면 민망할 정도로 쳐다보며 결국 얻어먹었고, 자신이 들고 있는 음식은 절대 나누어 먹지 않았다. 저녁은 어떻게 먹는지 물어보았더니 집 근처 지역아동센터에서 먹는다고 했다. 그곳에 다닌 지는 5년도 넘었는데 요즘 가장 큰 걱정은 중학교 졸업하면 그곳에 고등부가 없어 가지 못한다는 것이다. 서영이에게 전화번호를 물어서 지역아동센터 선생님과 통화를 해 보았고 선생님은 나를 한번 만나고 싶다고 하셨다.

서영이에게는 세 살 어린 남동생이 있다. 자폐가 심한데 엄마는 동생이 태어난 이후 서영이에게는 신경을 쓸 수 없었다고 했다. 초등학교 특수반에 다니고 있는데 아이들에게 괴롭힘을 당하기도 해서 엄마는 항상 동생 근처에 있고, 학교가 끝나면 복지관에 가는데 그곳에도 엄마가 따라다닌다. 엄마는 항상 동생 옆에만 붙어 있고 서영이 차지가 되는 일은 없다고 했다. 게다가 엄마가 우울 증세가 있어서 그런지 집 안 정리를 전혀 하지 않고 음식을 하는 일도 거의 없다고 했다.

이런 사연을 알게 된 후 얼마 지나지 않아 두 번째 사건이 일어났다. 아침 조회가 끝나고 서영이가 울면서 교육복지실에 들어와 향수를 찾았다. 아이들이 서영이에게서 냄새가 난다고 놀린 것이다. 그날은 문을 열고 들어오자마자 냄새가 났으니 좀 심하기도 했다.

"엄마가, 엄마가요……. 제 교복을 세탁기에다 넣어 버린 거예요. 아침에 발견해서 빨 수도 없고, 그냥 밖에 널어놓으면 이렇게 냄새 안 나는데……. 엉엉……."

너무 심하게 울어서 교실로 돌아갈 수가 없었다. 담임선생님에게는 좀 진정시킨 다음에 교실에 들여보내겠다고 했다.

서영이는 오래전부터 집에서 설거지를 했다고 한다. 예전에는 그래도 엄마가 집에서 뭔가를 해 주었다. 그러면 꼭 설거지를 시켰다. 초등학교 저학년 때부터 빨래도 했다. 아마 초등학교 저학년 때부터 이렇게 집안일을 한 아이는 자기밖에 없을 거라면서 또 울었다. 엄마는 점점 동생을 닮아 간다고 했다. 한 번도 웃지 않고 자신이 말하는 것도 듣지 않는다. 칭찬이나 꾸중도 하지 않는데 그게 예전에 짜증 내고 화냈던 것보다 더 무섭다고 했다. 펑펑 울면서 그 이야기를 하는 동안 서영이의 시선이 머문 곳은 역시 내 책상 위에 놓인 빵이었다. 슬쩍 밀어 주니 울면서 먹으면서 이야기를 계속했다.

서영이는 되고 싶은 것이 생겼다고 했다. 교육복지실에서 아이들과 음식을 만들어 먹은 적이 있는데 음식을 만드는 것이 무척 재미있었다고 했다. 그리고 알고 싶은 음식도 많아졌다고 했다. 예전에는 동생이 밉게만 느껴졌는데 언젠가 엄마가 없을 때 라면을 끓여 줬는데 잘 먹는 모습을 본 후부터는 동생이 예쁘기도 했다. 그리고 교실에 있는 아침독서 책 중에 『음식 잡학 사전』을 무척 재미있게 보았다. 친구들이 선생님과 책 이야기를 나눌 때 자신은 책을 못 읽어서 선생님이랑 책 이야기는 나누지 못할 줄 알았는데 이 책을 읽으면서 선생님이랑 하고 싶은 이야기도 생겼다고 했다. 하지만 아직 다 읽지는 못해서 다 읽으면 꼭 이야기하자고 했다.

그날 이후 서영이는 점점 반 아이들과 멀어져 갔다. 급식 시간에 식탐은 점점 더 심해졌고 급기야 아이들이 서영이의 급식판을 빼앗는 일까지 생겼다. 담임선생님께 말씀드려 급식 지도가 시작되어서야 좀 줄어들긴 했지만 쉽지는 않았다. 지역아동센터 선생님과 상의하여 신경정신과 검사를 받아 보았는데 섭식장애라는 진단이 나왔고 모래놀이 치료와 함께 본격적인 치료가 시작되었다.

엄마가 좋아지지 않은 상태에서 서영이만 좋아질 수는 없다. 하지만 서영이는 최선을 다해 노력하고 있다. 나는 자기를 보고 웃지 않는 엄마와 동생을 가진 슬픔이 어떤 것인지는 상상이 잘 되지 않는다. 하지만 이제 그런

가족 때문에 인간관계에 어려움을 겪는 아이를 조금은 이해할 수 있을 것 같다. 그러나 나 역시도 조금만 잘해 주면 오버한다고 지적을 받는 서영이가 안쓰러우면서도 막상 여유가 없을 때면 서영이에게 짜증을 내게 된다.

치료를 시작한 그맘때부터 서영이의 키가 크기 시작했다. 그러자 살이 빠지기 시작했고, 자신의 그런 모습이 마음에 들었는지 먹을 것을 조절하기 시작했다.

"선생님! 저 학교 졸업할 때까지 다른 학교 가시면 안 돼요."

언젠가부터 서영이가 내게 자주 이런 말을 하기 시작했다. 그런데 이런 서영이의 부탁을 들어줄 수 없게 되었다. 서영이가 3학년도 되기 전에 나는 학교를 그만두게 된 것이다. 얼마 전 서영이에게 편지를 받았다.

"선생님이 안 계시니까 너무 심심해요. 요리도 선생님이랑 할 때가 즐거웠는데……. 이제 교육복지실에 와도 오래 있지 않아요. 잠깐 들렀다가 가요. 참, 저 가고 싶은 고등학교가 있어요. 아직 성적이 낮아서 갈 수 있을지 모르겠지만 좀 더 열심히 하면 될 것도 같아요. 그리고 키가 많이 컸어요. 그러니까 아이들이 놀리는 것도 훨씬 줄어든 것 같아요. 보고 싶어요, 선생님."

나는 오랜 시간을 내주며 서영이의 이야기를 들은 적이 없는 것 같다. 다른 아이들에게 지적받게 하는 것이 싫어서 먼저 혼낸 적도 많았다. 함께 음식을 만들어 먹을 때도 마음껏 먹을 수 없게 했고, 남은 것도 다른 아이들보다 많이 싸가지 못하게 했다. 난 항상 서영이에게 미안하다는 말을 들었는데 한 번도 서영이에게 미안하다는 말을 하지는 못했다.

'서영아! 네가 졸업할 때까지, 아니 그 책을 다 읽을 때까지만이라도 기다려 줬어야 했는데 먼저 학교를 떠나게 되어 미안해. 그리고 항상 네 이야기를 끝까지 들어 주지 못해 정말 미안하다! 그리고 사랑한다.'

아이들과 읽은 요리 관련 책

❋ 『음식 잡학 사전』 윤덕노 지음, 북로드

 나 랍스터 한 번도 못 먹어 봤어.
그거 무지 비싸겠지?

 랍스터는 원래 가난한 사람들만 먹었던 거래요.

 그래? 그걸 어떻게 알았어?

 이 책에 나와요. 이 책 읽고
어디 가서 잘난 체하기 좋아요.
전 원래 소설 같은 거 안 좋아해서
책 싫어하는 줄 알았는데 이런 책은 좋아요.

● 총 70여 개의 음식을 소개하면서, 그 음식들과 관련된 문화사를 함께 전해 준다. 역사, 인물, 유래, 재미있는 자투리 상식까지 음식의 모든 것을 풀어낸다.

❋ 『신나는 요리 맛있는 과학』 최진 지음, 탁재원 그림, 산책주니어

 오늘은 내가 음식 준비하고
요리에 얽힌 과학 이야기도 했지만
다음 주부터는 돌아가면서 할 거야.

 그럼요. 과학수업도 이렇게 하면 좋을 텐데.
이 책 요리하기도 쉽고,
과학상식 분량도 많지 않아서 좋아요.
이렇게 음식을 같이 만들어 먹으니
가족 같아서 좋은데요?

● 요리 속에 숨은 기초 과학 원리를 소개해 주는 책. 40여 개의 '신나는 요리'와 '맛있는 과학'이 짝을 이루고 있어, 엄마와 아이가 오늘의 요리에 대해 함께 익히고 엄마가 요리를 하는 동안 아이는 과학 내용을 이해해 보도록 구성되어 있다.

아이들과 읽은 요리 관련 책

❖ 『2,000원으로 밥상 차리기』 김용환 지음, 영진닷컴

선생님이 주신 이 책 덕분에
주말에 제가 밥을 했어요.
아빠랑 이제 사 먹지 않고
해 먹어 보기로 했어요.

나보다 낫군.
나도 할 수 있겠다는 생각은 했지만
첫 번째 요리를 하려는데 굴 소스가
없는 거야. 그래서 시작도 못했어.

하하. 없는 건 없는 대로 해도
그럭저럭 맛이 나더라고요.
우리 집에는 여자가 없어서
그냥 어느 순간부터 안 해 먹었는데
요리하니 좋던걸요.

그럼 우리 집에도 와서
출장 요리해 주는 걸로? 하하.

참, 선생님,
이 책 매달 잡지로도 나온대요.
매달 사 볼까 봐요.
제가 너무 주부 같은가요?
그래도 선생님보다는
요리 더 잘할 것 같아요.

- 달걀, 두부, 감자 등 주변에서 쉽게 구할 수 있는 값싼 재료들을 이용하여 만들어 먹을 수 있는 쉬운 요리법을 알려 준다.

진짜 미래를 설계하기 시작한 아이

엄마에게서 조금씩 독립하고 있는 희경이

"경찰요."

꿈이 뭐냐는 질문에 희경이는 나를 쳐다보지도 않고 짜증을 섞어서 대답한다. 이미 수십 번 같은 질문을 들었고 대답도 해 보았다는 식이다.

"넌 몇 살까지 살 건데?"

이번 질문에는 얼굴을 들어 나를 본다. 예상하지 못한 질문이었던 걸까? 잠시 머뭇거리더니 대답한다.

"한 여든 살 정도까지 살면 될 것 같아요."

"네 꿈은 20대 중반에 이룰 수 있잖아. 경찰 시험에 합격하면 꿈이 이루어진 것일 테니 말이야."

방학 때 특강으로 마련한 북아트 시간이었다. 북아트는 시간이 좀 여유로울 때 중학교 아이들과 꼭 해 보고 싶었던 작업이다. 만들기를 하면서 이야기를 나누는 것이 재미있고, 생각보다 깊이도 있기 때문이다. 그리고 입체적인 부분에 내용을 채우는 것이 흰 종이에 내용을 채우는 것보다 훨씬 부담이 없고 구체적인 이야기를 나눌 수 있기 때문에 시간 날 때마다 북아트 특강 시간을 잡는다.

희경이는 북아트에 그다지 관심이 없었지만 친구가 한다고 해서 따라온 아이였다. 공부를 아주 잘한다는 건 알고 있는데 그것 말고는 아는 게 아무 것도 없었다.

이날 아이들과 만든 북아트는 계단이었고 그 계단을 입체로 만들면서 자신의 미래에 대한 이야기를 나눌 수 있었다. 대부분의 아이들이 희경이처럼 되고 싶은 직업을 이야기하였다.

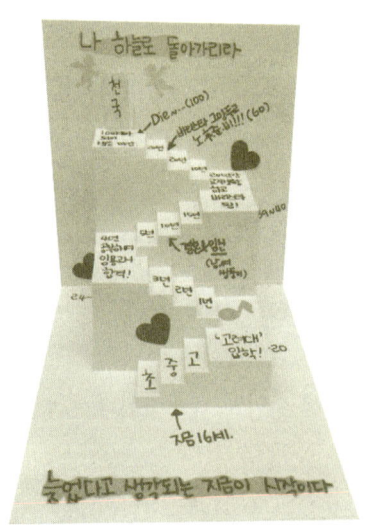 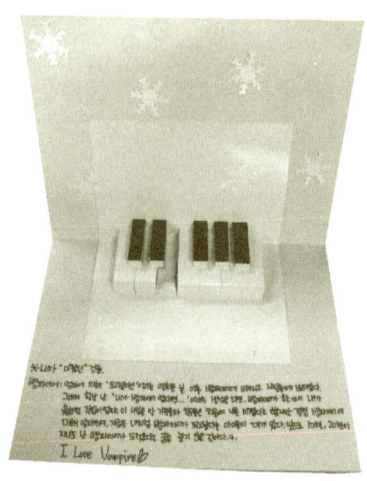

• 아이들이 북아트 시간에 만든 카드

"희경아! 경찰에도 종류가 많아."

희경이가 고민에 빠졌다. 계단을 만들기 위해 칼질을 하던 손이 잠시 멈추었다.

"행정직 경찰이면 좋겠어요."

"공무원이라면 정년이 60세 정도일 테고 경찰이 되는 것은 25세 쯤에 이룰 수 있을 건데 그 다음에는 어떤 경찰이 되어 정년을 맞고 싶은지 생각해 봐야겠네."

희경이는 난감한 표정을 지었다. 잠시 후 나이 들어서까지 경찰을 하고 싶지는 않다고 했다. 엄마가 공무원이 좋다고 했고, 다른 사람들도 공무원은 안정적이라고 하니 그중에 좀 힘이 있어 보이는 경찰이 되고 싶은 거라며 투덜거렸다.

학교에서도 자꾸 꿈이 뭐냐고 물어보고, 집에서도 그러고……. 그래서 그냥 엄마가 이야기하던 공무원을 이야기했다고 했다. 진짜 하고 싶은 일은 아직 찾지 못했고, 구체적인 고민은 시작하지 않았다고 했다.

나는 다른 아이들 곁에 가서 장래 희망과 직업에 대한 이야기를 나누어 보았다. 모든 아이들이 20대에 가지게 될 직업에 대해서만 이야기했다. 아이들에게 희경이와 같은 질문을 하고 그 이후에 대한 구체적인 고민을 시작해 보라고 했다. 그런 후 다시 희경이 옆으로 갔다.

"그런데요, 선생님. 기숙사가 있는 고등학교에는 어떻게 하면 갈 수 있어요?"

조심스럽게 왜 기숙사에 들어가고 싶은지를 물었다. 희경이의 의도가 공부를 더 열심히 하고 싶어서가 아닌 것 같았기 때문이다.

"엄마가 제 소중함을 알았으면 좋겠어요. 제가 기숙사에 가 있으면 제가 보고 싶지 않을까요?"

희경이는 다른 아이들에게 들리지 않을 정도로 작게 조심조심 이야기를 시작했다. 다행히 다른 아이들은 자신들의 작품을 만들고 의견을 나누느라 살짝 소란스러웠다.

희경이는 아빠 얼굴도 모른다. 중학교 2학년이 된 지금까지 엄마한테 "네가 생기는 바람에……."란 소리만 듣고 살았다. 그래서 엄마에게 잘하고 싶었고 공부도 열심히 했다. 하지만 어느 순간 짜증이 나면 엄마도, 자신도 보이지 않게 되었다. 자살 기도를 한 것도 여러 번이라고 했다. 손목도 그어 보고, 수면제도 먹어 보았지만 심각한 상황이 된 적은 한두 번 정도라고 했다. 아직도 그다지 자신의 미래가 궁금하지 않아 살고 싶은 생각은 없다고 했다. 하지만 이제 자살하는 것은 좋은 방법이 아니라는 걸 알게 되었다고 했다. 경찰이 된 자신의 모습도 잘 그려지지 않는다고 했다. 구체적인 정보가 있으면 그려질 수 있다고 안내하고 휴대전화에서 정보를 찾아도 된다고 하자 희경이는 계단 하나하나에 표시하며 구체적으로 자신이 이루어야 할 것들을 적기 시작했다. '첫 월급은 엄마 드림'이라고 쓰고는 잠시 멈추고 생각에 잠겼다.

"선생님, 오늘까지 엄마랑 이틀째 한마디도 안 하고 있어요."

예전에는 엄마가 혼내면 그냥 대꾸하지 않고 흘려버렸다. 그러면서 엄마가 100% 잘못했다는 생각을 많이 했다. 그런데 얼마 전부터 생각해 보니 엄마도 50%, 자신도 50% 잘못했다는 것을 알게 되었다. 이틀 전에는 처음으로 엄마가 오락한다고 혼낼 때 자신이 잘못한 것과 엄마가 잘못한 것을 이야기했다고 한다. 그랬더니 엄마는 막 화를 내면서 늦은 밤에 집을 나가 버렸는데 남자친구를 만나러 간 것을 알고 있다. 너무 화가 나서 자신도 말할 생각이 없는데 마음이 더 답답하다며 내게 도움을 청했다.

"어른들은 잘잘못을 가리는 것에 익숙하지 않을 수 있어. 그리고 아이들은 그 내용을 이야기하는데 어른들은 태도를 이야기하는 경우가 많아. 그건 부모님만 그런 것이 아니라 선생님들도 그렇지. 혹시 네가 엄마의 잘못을 이야기할 때 짜증 내지 않았니? 만약 그렇게 했고, 엄마랑 화해하고 싶다면 먼저 엄마한테 네 태도에 대해 사과하는 편이 좋을 것 같아."

희경이는 울면서, 화내면서 이야기했다고 했다. 그리고 어른들은 정말 그런 것 같다고 했다. 이 이야기 이후 희경이는 자료를 찾으며 계단에 자신의 꿈을 차곡차곡 적어 가기 시작했다. 그리고 다음 날 내게 엄마랑 화해했고, 자신이 만든 계단에 대해 오랫동안 이야기를 나누었다고 했다. 20대에 직업을 갖는 것으로 끝나는 이야기가 아니라 여든 살까지, 사는 동안 해 보고 싶은 일을 구체적으로 이야기 나누었다며 내게 자랑했다. 그 전까지 막연하게 경찰 공무원이 되고 싶다고 이야기했지만 고민해 보니 국어선생님이 되고 싶다고 했다. 선생님이 된 후에 바리스타 자격증을 따서 쉰 살이 넘으면 멋진 카페를 차려서 죽을 때까지 카페를 하겠다고 했다. 희경이는 그 이야기를 하며, 카페 창가에 앉아 커피를 내리는 카페 주인이 된 자신의 모습이 그려진다며 좋아했다.

모두 5차시에 걸쳐 북아트 수업을 했다. 그러면서 희경이는 자신과 너무 밀착되어 있는 엄마와의 관계를 깨달았다. 그렇게 자신과 주변 사람, 자신의 미래에 대한 그림을 그려 가면서 엄마의 인생과 자신의 인생은 다를 수 있다는 것을 알았다. 그리고 부모의 이혼도 자신의 탓이 아님을 이해했다. 결혼은 하고 싶지 않다던 희경이는 자기를 닮은 귀여운 아들과 딸이 궁금하다고 했다. 그리고 엄마의 남자친구도 인정하기로 했다고 수줍게 이야기했다. 엄마도 엄마의 인생을 살았으면 좋겠고, 자신도 엄마에게 보여 주기 위한 모습이 아닌 진짜 하고 싶은 일을 하는 건강한 사회인이 되고 싶다고 했다.

아이들과 마주 앉아서 이야기할 때보다 무언가를 만들면서 이야기를 나눌 때 더 쉽게 아이들의 마음이 무장해제(?)되는 것 같다. 짧은 시간은 짧은 시간대로, 긴 시간은 긴 시간대로 아이들은 무언가를 만들면서 그 안에 다양한 방법들로 자신의 생각을 채워 간다. 수업 시간에 수행평가를 위해 만드는 것이 아니라 친구 생일 카드를, 자기 인생의 포트폴리오를 만들 때 아이들의 이야기가 풍성해지는 게 느껴진다. 비교적 간단하게 신기한 작품이 나오는 팝업북의 경우에는 더욱 그러한 것 같다. 아이들이 수업에서 만든 것으로 작품 전시회를 했다. 다른 아이들이 신기해하며 만드는 방법에 대해 물어보니 아이들은 생각보다 쉽다며 정성껏 설명한다. 그 모습이 참 보기 좋았다. 그리고 항상 내가 가르쳐 준 것보다 훨씬 더 멋진 작품을 만들어 내는 아이들의 상상력에 감탄하게 된다.

> 아이들과 함께 연구한 만들기 책

❋ **『즐거운 책 만들기』** 박정아·안미정 지음, 예경

이 책이 좋은 것 같아. 초등학생들도 쉽게 따라할 수 있겠어.

그렇지? 이 책 내가 만들기에도 좋은 것 같아.
그런데 일곱 살 아이들 작품이라는데
나보다 잘한 것이 많아.

나도 놀랐어. 처음하는 아이들에게는
이 책이 제일 좋겠어.

● 어린이들이 즐겁게 놀이로써 책 만들기에 접근할 수 있도록 한다. 책에 대한 동요 부르기, 그림동화 만들기, 책을 이용한 게임, 서점 견학 등 간단하면서도 재미있는 30꼭지의 북아트 프로그램이 실려 있다.

❋ **『365 창의력 만들기 대백과』**
피오나 와트 지음, 에리카 해리슨 그림, 김정미 옮김, 미세기

이 책은 북아트만 있는 것이 아니라
축제 같은 때 쓰면 좋을 것 같은 작품들이 많아.
중학생들도 좀 더 고급스럽게 만들어 보면 될 것 같아.
재료를 다양하게 써 보는 것도 좋고.

간단한 팝업북도 마음에 들고 다 좋네.
물감도 이용할 수 있고 쉬워서
단체로 수업할 때 이용할 수 있을 것 같아.

● 매일 한 가지씩 만들기 놀이를 하면서 창의력을 키우는 책으로, 종이, 물감, 크레용, 스팽글, 실과 바늘, 잡지 사진, 달걀, 감자, 스펀지 등 가지각색의 재료를 자유롭게 이용한다. 만들기 기법도 그리기, 접기, 물감 튕기기, 물감 찍기, 바느질하기, 콜라주 등 아이들의 오감을 자극하는 다양한 방법을 사용한다.

> 아이들과 함께 연구한 만들기 책

✤ 『입체도형 팝업카드 만들기』 공룡과 나비잠 지음, 두베

제가 인터넷에서 팝업카드 사이트 '공룡과 나비잠'을 알아냈어요. 회원 가입하면 무료 도안도 볼 수 있어요. 우리 이거 해 봐요. 책도 있대요.

출력해서 당장 해 보자. 책도 보고.

친절하고 체계적으로 설명해 놓은 책이네요. 그런데 너무 원리만 알려 주다 보니 좀 지겨운 것도 같은데요.

원리를 알아야 응용을 할 수 있으니까. 자, 이제 애들 생일 카드 꼭 챙겨 주자.

● 입체도형을 팝업으로 만드는 방법을, 순서대로 따라해 볼 수 있는 그림과 사진, 설명으로 알려 주는 책이다. 두툼한 종이에 그대로 오려서 사용할 수 있는 도안이 인쇄되어 있다.

※ 그 밖에 추천하는 책

『친절한 펠트 소품 DIY』 최연주 지음, 터닝포인트
리빙 소품, 주방 용품, 파우치, 액세서리 등 펠트로 만드는 다양한 생활 소품 50가지를 소개하는 책이다.

『메이킹북』 폴 존슨 지음, 김현숙 옮김, 아이북
30여 가지의 책 만들기 방법을 소개한 책. 얼굴책, 무대책, 배 모양의 팝업책 등 다양한 책을 소개한다.

5장

꿈과 희망을 심어 주는 방법

10년 전, 엄마가 되었다. 내가 엄마가 된 후 가장 크게 느끼는 감정은 '두려움'이다. 어려서부터 겁은 많았지만 그 겁은 막연하게 '안 되면 죽으면 되지.'라는 다소 극단적인 생각으로 이길 수 있었다. 혼자 여행을 다니거나, 조금 무서운 학생들을 늦은 밤 밖에서 만날 때도 마찬가지였다. 그런데 엄마가 되고부터는 달라졌다. 내 아이에게 무슨 일이 생긴다면 내가 할 수 있는 것이 아무것도 없었다. 그 상황은 내게 이제까지와는 다른 '두려움'이란 감정으로 다가왔고, 내가 만나는 아이들의 엄마도 다시 보게 되었다. 가서 때려 주고 싶을 만큼 화가 나는 엄마들도 있었지만 아이를 낳아서 내 곁에 있을 수 있도록 해 준 것만으로도 그들이 얼마나 많은 삶의 무게를 견뎌 왔을지 가늠할 수 있어 연민이 생기기 시작했다. 그리고 우리 아이들도 그리 멀지 않은 미래에 엄마가 될 수 있다는 생각을 하게 되었다. 아이들의 미래를 좀 더 멀리까지 볼 수 있게 된 것이다. 그 후 아이들에게도 스스로 먼 미래까지 생각하도록 도와주게 된다. 책을 함께 읽고, 나와 이야기하는 과정을 통해 아이들은 진로와 앞으로의 삶에 대해 생각한다. 이는 짧게는 고등학교를 정하는 것부터 길게는 인생

설계로까지 이어진다.

　그리고 아이들은 앞으로 나아가기 위해 내 품을 떠난다. 하지만 나는 그 아이들을 잊을 수 없다. 새로운 아이들을 만나다가 속상할 때마다 생각나기 때문이다. 그럴 때마다 아이들이 많이 보고 싶어진다. 즐거웠던 기억만큼 해 주지 못한 것에 대한 아쉬움이 크다. 언젠가 우연히 라디오에서 들려오던 김광진의 「편지」라는 노래가 가슴에 꼭 박혔다. 그리고 아이들이 학교를 떠날 때마다 이 노래가 생각난다. "사실 그대 있음으로 힘겨운 날들을 견뎌 왔음에 감사하오. 좋은 사람 만나오. 사는 동안 날 잊고 사시오. 진정 행복하길 바라겠소. 이 맘만 가져가오." 나는 주로 마음이 아픈 아이들을 많이 만나 왔으니 아이들이 어른이 되면 잊어버리고 싶을 만큼 끔찍한 과거 속에 내가 있는 경우가 많을 것이다. 그렇기에 그 기억과 함께 나를 잊고 살아도 좋다. 하지만 이 노랫말처럼 내가 항상 그 아이가 행복하기를 바라고 있다는 것은 느끼며 살아갔으면 좋겠다.

미래를 생각하기 시작한 아이

다른 사람들의 삶이 궁금해지기 시작한 승연이

"청록파? 그 애들은 어느 동네에 살아요?"

박두진의 시에 대해 설명하다가 청록파 이야기를 하고 있는데, 갑자기 승연이에게 질문을 받았다. 인터넷 유머에서 본 적이 있는 일을 내가 직접 겪을 줄은 몰랐다.

"그럼 박두진, 그 애 말고 또 누구 있어요?"

게다가 이런 어이가 없는 질문까지 받다니…….

"박목월, 조지훈, 박두진 이렇게 세 사람을 청록파라고 하는데…….

승연이의 농담에 끌려 가면 수업을 할 수 없을 것 같아서 이야기를 이어 나가려고 했다. 그런데 승연이 표정을 보니 농담이 아닌 것 같다.

"선생님, 거기서 조지훈이 짱이죠? 왠지 이름이 그래요."

결국은 웃고 말았다. 승연이의 귀여움이 무식함을 이겼다.

승연이는 여러 가지 사건사고가 끊이지 않는 아이다. 길 가다가 만나면 살짝 피하고 싶을 정도로 인상이 좋은 편은 아니다. 그런데 승연이의 활짝 웃는 모습은 다가가서 말을 걸어 보고 싶을 정도로 해맑다. 나 역시 승연이가 아무리 수업 시간을 방해해도 "귀여워서 참는다."라고 말할 정도로 예뻐했다.

처음 만났을 때는 화가 난 줄 알았다. 자기는 글자 자체를 싫어한다며 투덜거렸다. 시를 읽어 주자 엎드렸고, 아이들과 웹툰 이야기를 할 때면 자신은 글이 들어가 있어서 웹툰도 보지 않는다고 했다. 하지만 두 번째 시간은 달랐다. 수업 시간에 중국에 관한 이야기를 했더니 자신이 그곳에서 전학을 왔다고 했다. 처음에는 사실인 줄 알고 좋았겠다며 북경에 있었는지를 물었더니 북경은 아니고 베이징에 있었다고 했다. 아이들은 그 말을 듣고 웃었고, 승연이는 입만 열면 거짓말이라고 했다. 나는 승연이의 거짓말이 싫지 않았다. 승연이의 거짓말은 마치 여섯 살 난 유치원생이 관심을 끌기 위해 하는 거짓말 같았다. 그냥 웃어 주니 좋아했다. 쉬는 시간까지 따라 나와 말을 붙였고 내가 무슨 말을 하기만 하면 자기도 안다며 너스레를 떨었다. 그렇게 승연이와 편해졌다.

오늘은 승연이의 얼굴이 많이 어두웠다. 밤새 한숨도 못 잤다고 했다. 수업이 시작하기도 전에 엎드렸다. 승연이의 상태를 보니 항상 하던 농담도 할 기분이 아니었다. 엎드려 있는데 살짝 보이는 팔뚝에 멍이 들어 있었다. 밤새 아이들이랑 놀다가 싸우고 온 것은 아닐까? 여자친구랑 헤어졌나? 그것도 아니면 할머니에게 혼났을까? 승연이는 할머니와 단둘이 살고 있었다. 다른 사람들에게는 아버지도 같이 산다고 하지만 아버지는 지방에서 일하신다고 했다. 수업을 시작했고, 오늘 수업은 시였다. 이 시가 쓰여 있는 일

산호수공원의 정지용 시비 사진을 보여 주고 읽어 주었다. 승연이가 슬그머니 말을 건넸다.

"저 호수공원 가 봤어요. 외할머니네 집이 그 근처예요."

승연이네 엄마는 집을 나가서 돌아오지 않은 지 8년 정도 되었다고 했다. 그런데 이번 이야기는 거짓말이 아닌 것 같다.

"나무도 별로 없고 더워요. 거기 별로예요."

아무래도 8년 전에 다녀온 것을 기억하고 있는 모양이었다. 지금은 호수공원에 나무가 무성해져서 더위를 피할 수 있는 곳이 많아졌다는 이야기를 할 수 없었다. 승연이는 이 이야기를 하고 나더니 다시 기분이 좋아진 것 같았다. 그리고 내가 팔뚝의 멍을 보고 있는 것이 신경 쓰였던지 어제 집에 있는데 도둑이 들어와서 싸워서 이겼다고 말도 안 되는 이야기를 시작했다.

쉬는 시간에 승연이 담임선생님이 나를 살짝 부르더니 승연이가 수업 시간에 괜찮았는지를 물었다. 좀 전에 할머니와 통화했는데 어제 승연이 아버지가 오셔서 밤새 술을 마시며 아이를 때렸다고 한다. 할머니는 아버지가 집에 자주 오지는 않는데 오면 꼭 그렇게 애를 잡는다며 승연이가 화가 나서 오늘 집에 들어오지 않을까 봐 걱정이 되어 학교에 전화를 걸었다고 했다.

수업에 들어가 보니 승연이는 여전히 기분이 좋아 보였다. 친구들을 웃게 만들며 내게도 살짝 웃어 주었다. 2교시에는 「호수」 시를 모방해서 써 보기로 했다. 다른 아이들은 쉽게 쓰지 못하고 있었는데 승연이가 쓱쓱 써 내려가기 시작했다. 그러고는 고민하더니 다시 고치기도 했다. 시를 쓰는 모습이 제법 진지해 보였다. 다른 아이들보다 빨리 끝냈기에 승연이가 쓴 시를 보면서 말을 걸어 보았다.

담배

담배 하나야
손바닥 하나로
폭 가리지만

피고픈 마음
한강만 하니
눈 감을밖에

"작가님! 이렇게 훌륭한 시를 어떻게 쓰게 되셨나요?"
승연이는 활짝 웃고 팔짱을 끼어 보이며 대답했다.
"선생님이 보시기에도 잘 쓴 것 같죠? 선생님이 그러셨잖아요. 그리움이 깊어지면 시를 쓰게 한다고요. 저도 그래요. 담배를 피우고 싶은 마음이 너무 절실하거든요. 막상 읽어 보니 짧은 시들은 읽을 만하네요. 시집 좀 볼래요."
마침 아이들이 시를 쓰고 있는 중이라 함께 짧은 시를 찾아 읽었다.
"신기하지? 이렇게 짧은 글에 많은 이야기를 담을 수 있다니 말이지."
승연이는 조금씩 시를 알아 가고 있는 중이었다.
"선생님, 저는 원래 두 번째에 한강이라고 안 쓰고 당현천이라고 썼거든요. 그런데 담배를 피우고 싶은 마음이 아무래도 당현천보다 큰 것 같아서 한강이라고 고쳤어요."
일반 중학교에 다니던 승연이는 심각한 학습 결손에 학교 폭력을 일삼는 문제아였다. 하지만 승연이는 대안학교에 와서 선생님들께 애교를 부리는 귀여운 학생이 되었다. 이곳 선생님들은 승연이의 농담을 즐겁게 들어 주었다. 그리고 같이 웃어 주었다. 그렇게 하니 여섯 살 같던 승연이가 조금씩 크기 시작했다. 그리고 궁금한 것도 생기기 시작한 것 같았다. 승연이는 말하는 것을 좋아했다. 그리고 곁에 있는 사람들을 웃게 했다.

"사람들이 장래 희망을 물어보잖아요. 전 스무 살에 결혼하고 서른 살에 이혼하고 마흔 살에 결혼하고 쉰 살에 이혼하고, 그렇게 살고 싶어요! 아이 같은 거 안 낳고 계속 예쁜 여자들을 만나서 살면 좋겠죠? 저 사실 이제까지 여자친구 한 명도 안 사귀어 봤어요."

얼마 전까지 사귀었던 여자친구를 반 친구들이 모두 알 만큼 승연이의 연애는 유명하다. 어쩌면 여자친구가 쫓아다녔고, 승연이는 만나기는 했지만 진심으로 사귀지는 않았을 수도 있다. 그러면 승연이의 말이 완전 거짓말은 아니었을 수도 있다.

열 권 정도 가져온 시집 중에서 짧은 시만 골라 읽던 승연이가 한쪽에 쌓아둔 시집을 건네주며 웃는다.

"선생님, 저와 비슷한 시를 쓰는 사람들이 좀 있는 것 같아요. 짧으면서도 임팩트 있는 시를 쓰는 사람들. 이 사람들을 모아서 저도 파를 만들어야겠어요. 그런데 시인이 되면 돈은 많이 벌 수 있을까요? 그리고 예쁜 여자들이 좋아할까요?"

귀여운 승연이, 충분히 어리광을 부리면서 단단하게 커 나갔으면 좋겠다. 그래서 가끔씩 나타나 폭력으로 권위를 세우려는 아버지에게도 흔들리지 않을 수 있게 말이다.

그렇게 한 학기가 끝나갈 때쯤 승연이가 내게 물었다.

"선생님, 저 같은 꼴통도 대안학교 선생님을 할 수 있어요?"

승연이의 표정이 진지하다.

"그럼! 대안학교는 다양해. 그리고 일반학교에서 못하는 것을 할 수도 있어. 학교는 교육을 하는 곳이잖아. 네가 잘 배운 경험이 있으면 너도 잘 가르쳐 줄 수 있겠지? 가르치는 게 꼭 국어, 영어 그런 것이 아니어도 좋아. 친구 사귀는 법이나 아르바이트 하는 법이어도 상관없지."

승연이 표정이 환해진다. 무슨 생각을 하는지 물어보지 않아도 대안학교에서 아이들과 지내고 있는 자신의 모습을 상상하고 있다는 것을 알 수 있었다.

미래를 준비하면서 살아 보려는 아이들에게 권한 책

❋ 『옷장에서 나온 인문학』 이민정 지음, 들녘

더 이상 이렇게 사는 건 아닌 것 같아요.
책을 읽으면 똑똑해진다는데,
똑똑해질 만한 책 좀 주세요!

와~ 듣던 중 반가운 소리네.
좋아. 우선 네가 관심 있는 것을
이야기해 봐.

옷 입는 거?
그런 거 관심 있어요.

그럼 『옷장에서 나온 인문학』이 좋을 것 같아.
관심 있는 것부터 시작해서
상식으로 넘어가는 거지.
명품 이야기도 있고,
스키니진, 유니폼 등 이런저런
이야기가 다 있어.

인문학이 좀 부담스럽기는 하지만
재미있을 것 같네요.
사진이랑 그림도 제법 있어서
마음에 드는데요?

● 옷이라는 소재를 통해 사람의 몸, 노동의 과거와 현재, 종교 갈등, 동물 보호 문제, 경제학과 철학, 역사까지 자유자재로 넘나드는 책이다. 옷장 속의 옷을 보듯 옷 한 벌 한 벌에 얽힌 이야기를 읽다 보면 다양한 사람들의 이야기와 인문·사회학적 지식을 자연스럽게 흡수할 수 있다.

❋ 『교과서에 나오지 않는 발칙한 생각들』 공규택 지음, 우리학교

전 특이한 것이 좋아요.
기발한 아이디어를 듣는 것도 좋아하고요.

그럼 『교과서에 나오지 않는 발칙한 생각들』을
읽어 봐. 기발한 발상으로 세상을 바꾼
일화가 소개돼 있어.
광고 사진이 많이 나오는데 정말 기발해.

와! 저 자동차 광고랑
패스트푸드 광고 좋아했는데
그 설명도 있네요.

나도 재미있게 읽었어.
광고회사 다니는 사람들은
정말 기발한 것 같아.
짧은 시간에 소비자의 마음을
사로잡아야 하니까 그런가 봐.

애들이 저 보고 또라이라고도 하지만
기발하다는 소리도 많이 해요.

그래, 네가 바로 미래에
꼭 필요한 사람인 거야. 하하.

● 엉뚱하고 기발한 아이디어로 세상을 변화시킨 사람들의 이야기를 소개한다. 이들이 가진 남다른 힘은 바로 창의력이다. 창의성과 관련한 스물여덟 가지 사건을 이야기 형식으로 들려주는 책이다.

가출하는 동생이
걱정인 아이

들꽃을 닮은 지영이

　　　　　늦은 밤 지영이에게 통화하고 싶다는 문자가 왔다. 바로 전화를 걸었더니 받지 않는다. 그리고 잠시 후 전화가 왔다.

"선생님, 늦어서 죄송해요. 집 밖에 나와서 전화를 드리느라고요. 동생이 안 들어왔어요. 지금 문자 왔는데 이제 가출할 거래요. 어떡해요? 엄마한테는 말 못하겠어요. 흑흑."

지영이 어깨가 무겁다. 이제 막 비행을 시작한 중학교 2학년 남동생이 지영이의 어깨에 잔뜩 얹혔다. 그렇지 않아도 새아버지 눈치도 봐야 하고 주인집 눈치도 봐야 한다. 그리고 이제 겨우 어린이집에 다니고 있는 늦둥이 의붓동생과 산후 몸조리를 잘 못한 엄마 모두 지영이 어깨를 누르고 있다. 원하는 고등학교에 가려면 성적도 올려야 하고, 반 친구들과도 잘 지내야 한다.

2년 동안 지영이가 얼마나 힘들게 하루하루를 견뎌 왔는지를 잘 알기에 어떻게든 도움이 되고 싶었다.

"지영아! 우선 동생이랑 같이 노는 아이들을 내가 수소문해 볼 테니 조금만 기다려 봐."

전화를 끊고 바로 지영이 동생을 찾는 문자를 돌렸다. 다행히 우리 학교 정보원(?)들에게서 문자가 왔고 동생의 가출 원인이 새아버지의 폭력 때문이라는 것과 지금 지영이 동생이 학교 근처 놀이터에 있다는 것도 알게 되었다.

지영이에게 문자로 새롭게 얻은 정보를 알리고 진행 상황을 알려 달라고 했다. 새벽 1시에 문자가 왔다.

"동생을 만났어요. 아버지가 주무신다고 해서 집에 데리고 왔어요. 걱정하실까 봐 연락드려요. 내일 학교에서 봬요."

지영이 속이 얼마나 까맣게 타 들어갔을지 너무나도 잘 알기에 쉽게 잠을 잘 수 없었다. 지영이 역시 중학교 1학년 때 몇 번을 뛰쳐나왔던 집이다. 다행히 지영이의 방황은 오래가지 않았다. 큰 누나만 찾는 두 동생들을 차마 모른 체할 수 없었고, 인터넷 쇼핑몰을 하고 싶다는 꿈도 생겨 방황으로 낭비하기에는 시간이 아깝다는 생각이 들었기에 다시 집으로 들어갔다.

다음 날 아침 지영이는 일찍 학교에 왔다. 그리고 교육복지실 청소를 하고 있던 나를 도왔다. 서로 아무 말도 하지 않았고 땀이 날 정도로 열심히 쓸고 닦았다. 그리고 함께 창문을 닦다가 우리 둘이 동시에 창문 아래에 자라고 있는 참외 넝쿨에 눈이 멈추었다. 참외 넝쿨은 향유풀을 칭칭 감고 올라 더 이상 오를 곳이 없을 지경에 이르러 있었다.

"선생님, 저 보라색 풀이 불쌍해요."

"그러게. 타고 올라오라고 끈을 매어 줘야겠다. 향유가 숨 막히겠는걸."

"향유라고 하니까 사람 이름 같아요. 그 옆에 있는 풀은 이름이 뭐예요?"

아는 풀이 아니라서 지영이에게 도감에서 식물 찾는 법을 알려 주며 찾아보라고 하고 나는 바로 끈을 찾았다. 그리고 지영이와 함께 나갔다.

참외 넝쿨 옆에 나무젓가락을 박고 단단하게 노끈 한쪽을 묶고 나머지 한쪽은 교육복지실 창살에 묶었다.

"와! 이대로 넝쿨이 자라면 교육복지실 안에서도 노란 참외꽃을 볼 수 있겠어요."

나는 조심조심 참외 넝쿨 끝을 팽팽한 노끈에 살짝 감아 두었다. 그러자 지영이는 향유풀에 칭칭 감겨 있는 다른 넝쿨 하나를 풀기 시작했다.

"어, 꺾여 버렸어요. 이렇게 약하다니……. 억지로 하는 게 아니었는데. 미안해서 어떡해요……."

"참외 넝쿨이 꼭 지영이 동생 같다는 생각이 들어. 내가 만나는 아이들도 그래. 억지로 하면 항상 더 큰 문제가 생기더라고. 다른 사람이 해 줄 수 있는 것은 이렇게 끈을 매어 주고 따라 올라가도록 살짝 걸쳐 주기만 하는 거지. 욕심은 서로에게 상처만 남기게 되더란 말이지."

종이 치는 바람에 우리는 작업을 멈추었고 다시 바쁜 일상이 시작되었다.

방과 후 지영이가 창문 밖에서 나를 불렀다.

"선생님, 하루 만에 넝쿨이 이 만큼이나 자랐어요. 얘는 줄을 잘 따라 올라가고, 얘는 아래로 내려가서 이 풀을 괴롭히고 있고, 어, 얘는 하늘로 날아갈 건가 봐요. 하하. 이 꽃 정말 이렇게 예쁜지 몰랐어요. 이름이 뭐라고요? 자주 보던 풀인데 이름은 처음 들었어요. 얘들이 빨리 자라면 우리 참

외 따 먹어요!"

쉽게 이루어질 수 있을 것만 같았던 지영이의 작은 소원은 결국 이루어지지 못했다. 어느 날 갑자기 학교에서 화단 정리를 시작했고, 이제 며칠만 더 있으면 만나게 될 여린 그 넝쿨들은 흔적도 없이 사라졌다. 분명 1교시까지는 지영이가 인사를 했으니 있었고, 점심을 먹으러 갔을 때도 내가 보았으니 그때까지도 있었다. 5교시 끝나고 학교 화단을 정리하는 아저씨들의 시끄러운 모터 소리를 들었는데, 아마 그때 모두 잘리고 뽑힌 모양이었다.

이제 곧 수업이 끝나면 지영이가 들어올 텐데. 그리고 바로 확인할 텐데 도대체 뭐라고 이야기를 해야 할지 모르겠다. 그동안 교육복지실에 있는 식물도감을 보면서 들꽃 이름도 외우고, 풀 이름도 외우며 내년 봄에는 들꽃 화단을 만들자며 꿈에 부풀어 있는 지영이가 크게 실망할까 봐 걱정이 되었다. 지영이도 그렇지만 사실 나 역시 무척 속상했다. 끈을 못 봤을 리가 없을 텐데, 끈을 보았다면 누군가 가꾸고 있었다는 생각을 못했을까? 속도 상하고 화도 났다. 그때 지영이가 들어왔다.

"선생님, 놀라지 마세요! 참외 못 먹게 되었어요. 우리 선생님 실망하실까 봐 얘기도 잘 못하겠네."

이런 이야기를 전하는 지영이 목소리가 밝았다.

"선생님, 실망하지 마세요. 제가 참외 사 드릴게요."

지영이가 오히려 나를 위로하고 있었다. 지영이야말로 누구보다 속상했을 텐데…….

"사는 게 항상 그래요. 생각하지도 못한 곳에서 뻥뻥 터져요. 결국 우리 동생 가출했어요. 순하고 착한 아이였는데……. 괜찮아요. 그래도 돌아올 거예요. 저도 나가 보고 알았어요. 그리고 쌤이 그랬잖아요. 천천히 되는 것뿐이지 안 되는 건 없다고요. 저 이번 기말고사만 잘 보면 가고 싶은 고등학교에 갈 수 있을 것 같아요."

나도 아이들을 만날 때마다 지영이와 같은 느낌을 받는다. 사는 것이 힘들고 우울한 아이들과 책도 읽고 프로그램도 해서 겨우 세상에 대해 관심을 좀 갖게 하면 그 싹을 잘라 버리는 어른들이 나타난다. 그러면 화가 나기도 하고 시간이 지나면 무기력해지기도 한다.

요즘 지영이는 학교가 끝나고 집에 가는 길에서 만나는 풀 이름을 찾는 즐거움에 푹 빠져 있다. 학교에서 잡초를 뽑아 와 내게 확인시켜 주기도 하고, 예쁜 꽃을 꺾어 와 도감 사이에 눌러 놓기도 한다.

"선생님, 저 대학교 3학년 되면 우리나라 배낭여행 갈 거예요. 도감 하나 들고 들꽃을 찾으러 가는 거죠. 꽤 낭만적이죠? 여름보다는 봄이면 좋겠는데…… 봄꽃이 더 예쁘니까요. 아무튼 선생님도 시간 되시면 같이 가요."

이번에는 꼭 5년 뒤 지영이의 소원이 이루어졌으면 좋겠다. 하루 종일 정신없는 시간을 보내고 있는 나 역시 5년 뒤에는 여유가 생겨 지영이와 봄맞이 여행을 가면 좋을 것 같다. 이런 상상을 하니 괜히 비실비실 웃음이 난다.

이듬해 지영이는 고등학생이 되었다. 다행히 교정이 예쁜 여고에 들어갔다. 5월! 지영이가 카톡으로 사진을 잔뜩 보내 왔다.

"항상 가출한 아이들 때문에 우울한 5월을 보내고 계실 선생님께 제 주위에 있는 화사한 봄을 보냅니다. 향기를 함께 보낼 수 없어 아쉽지만요."

> 함께 나눌 수 있는 형제 이야기

❋ 『내 동생 앤트』 베치 바이어스 지음, 마르크 시몽 그림, 지혜연 옮김, 보림

 우리 딸들이 어제 또 싸웠어요. 난 형제가 없어서 언니나 동생 있는 친구들이 얼마나 부러웠는데…….

 이 책 보셨어요? 이거 보면 이해하실 걸요. 동생은 항상 이런 식이에요. 숙제에 낙서하는 건 일도 아니라니까요.

 심지어 어제는 동생이 혼나서 울고 있는데 언니는 웃더라고…….

 쌤은 형제가 없어서 그래요. 저도 그랬는걸요.

● 여덟 살짜리 형과 다섯 살짜리 동생의 아기자기한 일상이 펼쳐지는 책이다. 다정하면서도 서로 경쟁하는 형제의 모습이 재미있게 그려진다.

❋ 『언니가 가출했다』
크리스티네 뇌스틀링거 지음, 최정인 그림, 한기상 옮김, 우리교육

 외국 이야기라서 우리나라랑 좀 다른 부분이 있긴 했지만 재미있었어요. 특히 시작 부분이 좋아서 그냥 읽었는데 어느새 다 읽었어요. 그런데 초딩들은 못 읽을 것 같아요.

 가출, 동거 뭐 이런 부분 때문에?

 네, 그리고 엄마가 때리는 것도요.

● 가출한 언니의 행방을 쫓는 동생의 심리를 통해 가족 관계에 대해 고민하게 한다. 부모의 이혼과 일방적인 부모의 명령과 구속, 폭력으로 마음의 상처를 입고 가출한 언니의 심정이 동생 에리카의 시선을 통해 섬세하게 드러난다.

> 함께 나눌 수 있는 형제 이야기

※ 『우리 언니』
  샬롯 졸로토 지음, 마사 알렉산더 그림, 김은주 옮김, 사파리

 이 책은 어때?

 이런 거 별로예요.
형제가 싫어도 이런 책 보고
잘 지내 봐라, 뭐 이런 식상한
이야기잖아요.

 아주 교훈적이고 좋지 않아? 하하.

 어른들이 하고 싶은 이야기겠죠.
형이나 누나들이 보면 짜증 날걸요.
동생이 크면 의지되고 뭐 그럴지 모르겠지만
지금은 아니라고요.

 그림책을 찾아보니
정말 동생 이야기가 많더라.

 그만큼 부모님이 하고 싶은 말이
많아서 그런 거 같아요.
그냥 아이들의 짜증 나고 화나는 마음을
충분히 이해하는 것이 중요하지 않을까요?

 응, 반성할게. ㅠㅠ

● 잠시도 떨어지지 않고 알뜰살뜰 동생을 돌보는 언니와 그런 언니가 가끔은 귀찮은 동생이 나오는 포근한 그림책이다.

다른 사람의 마음을 알아주는 아이

이번 가을을 잘 넘기고 있는 예지

비오는 날만큼이나 가을은 비상이다! 마음이 예민한 아이들은 날씨의 변화에 너무나도 민감하기 때문이다. 어제까지 웃고 뛰어다니던 아이가 찬바람이 불기 시작하면 어깨를 떨어트리고 다닌다. 한숨도 점점 늘어간다. 그러다 나와 눈이 마주치면 다시 쓸쓸한 표정으로 고개를 살짝 숙인다.

예지는 무척이나 힘들게 가을을 버텨 왔다. 중학교 2학년, 모든 친구들이 말리는 남자와 연애도 시작했고, 친한 친구에게 절교 통보도 받았다. 아버지의 술주정은 나날이 심해졌으며, 고등학교 3학년인 언니의 귀가 시간은 점점 더 늦어졌다. 그러다가 어느 날은 눈이 통통 부어 나타났고, 또 어느 날은 손목에 반창고를 붙이고 나타났다.

그냥 죽고 싶다고 했다. 내일도, 모레도, 내년도, 그 다음에도 좋아질 것 같지 않다고 했다. 특히 겨울을 맞이할 자신이 없다고 했다. 겨울이 오는 것이 너무도 무섭다고 말이다. 내가 무슨 말을 해도 한숨이었다. 내 말을 듣고 있는 것 같지 않았다. 그날 밤 12시쯤 문자가 왔다.

선생님!

바로 "넵!"이라는 답을 보냈는데도 답장이 없다. 그때 한참 에니어그램에 대한 책을 보고 있던 중이라 예지의 성향이랑 비슷한 예술가형이라는 '에니어그램 4번'을 설명하는 블로그 내용을 링크 걸어 문자로 보냈다. 그러자 잠시 후 다시 문자가 왔다.

딱 저예요. 제가 원래 이렇게 생겨 먹은 거였군요. 책 있으면 빌려 주세요!

그 일을 계기로 예지와 몇몇 아이들을 모아 에니어그램 공부를 같이했다. 『나를 찾는 에니어그램 상대를 아는 에니어그램』(레니 바론·엘리자베스 와겔리 지음, 주혜명 외 옮김, 연경문화사)이라는 책이었다. 다른 번호 유형과의 비교 자료를 쉽게 설명하고 있어서 아이들과 보고 이야기하기 좋았다. 그리고 우리는 주변에 있는 아이들의 에니어그램 번호를 추측하기 시작했다. 에니어그램 연수를 받을 때 강사가 다른 사람을 판단하는 잣대로 사용하지 말라고 강조해서 약간의 죄책감이 들긴 했지만, 뒷담화하듯이 즐거웠다. 특히 특정 번호에 해당하는 사람이라면 할 수 없는 것들을 보며 한참 웃었는데 4번인 예지는 8번이 절대 못할 일인 "낯선 사람들만 있는 자리에서 불안을 느껴서 동료에게 손을 잡아 달라고 하기"를 왜 못하는지 도저히 이해가 가지 않는다고 했다. 그 이야기를 들은 8번 친구가 "그럼 낯선 사람들 앞에서 약한 것처럼 보이잖아. 무시당하면 어떡해?"라고 대답했다. 그렇게 아이들은 서로 얼마나 다른지를 확인해 보았다.

가장 기억에 남는 것은 『아낌없이 주는 나무』(셸 실버스타인 지음)를 함께 보고 나눈 이야기였다.

> **학생1** 나무가 너무 불쌍해서 옆에 다른 나무를 심어 주어야 해요. 말년에 외롭지 않게…….
> **학생2** 그 나무, 이제는 정신 차렸을 거예요. 그 나무가 바보예요.
> **학생3** 사과나무로 배를 만들어 갔다는 건 과학적이지 않아요. 사과나무는 휘면서 자라서 목재로 적합하지 않거든요.
> **예지** 결국 소년은 쉬었다 다시 떠나고 돌아오지 않겠죠? 나무는 평생 소년을 다시는 볼 수 없을 거잖아요. 이렇게 슬픈 이야기인 줄 몰랐어요.

예지는 아이들과 여러 책을 읽고 함께 이야기를 나누며 웃었다. 그러고 보니 예지가 그렇게 크게 웃는 모습은 처음 보았다. 아이들도 그런 예지를 편하게 대했다.

한동안 아이들과 에니어그램 이야기만 했다. 아이들은 도서관에서 책을 빌려 부모님 번호를 알아오기도 하고 수업 시간에 교과 선생님을 관찰하며 번호를 찾아보기도 했다. 예지는 아이들과 이야기하는 동안 말을 많이 하지는 않았지만 다른 아이들이 말을 걸면 예전처럼 자신의 감정에 빠져 있지 않고 성의 있게 대답해 주었다.

그러던 어느 날 예지와 비슷한 성격의 언니를 둔 희영이가 예지에게 상담을 하러 왔다.

희영 정말 언니랑 같은 방에서 못 살겠어. 마루에 나가 살든지 해야지. 예지야 좀 들어 봐. 언니가 왜 그러는지 말이지. 어제는 자기가 이상한 사람 같다고 혼자 이야기하기에, 내가 "언니 같은 사람들은……."이라고 말을 했더니 언니가 자기를 판단하지 말라며 난리를 부리는 거야. 정말 어처구니가 없어. 친구랑 뭔가 안 좋은 거 같아서 방법을 쉽게 알려 주려고 해도 듣지도 않더라고, 말이나 하지 말지.
예지 그 말은 네게 대답을 해 달라는 이야기가 아닐 거야. 나도 사람들이 나를 쉽게 판단해 버리는 게 싫어. 하긴 누가 도와준다는 이야기도 잘 안 듣는 것 같네. 다른 사람과 같아지는 것은 나 같은 성격인 사람들이 정말 싫어하는 일이야. 그리고 언니가 고민할 때 해결하는 방법을 알려 주지 말고 공감해 주는 것이 중요할 것 같아.

둘은 제법 심각하게 오래 이야기를 나누었다. 이야기를 나눈 후에 해결책을 찾았는지 둘 다 표정이 밝아 보였다. 둘은 내게 오더니 희영이는 예지 덕분에 언니가 왜 그러는지 알게 되었고, 예지는 희영이 덕분에 엄마에 대해 알게 되었다고 했다. 아이들은 서로를 통해서 자신을 발견하고 있었다.

희영이가 소문을 낸 것인지 아이들이 예지를 많이 찾았다. 예지는 마치 또래상담사가 된 것 같았다. 그러면서 예지는 좀 더 열심히 에니어그램 책을 읽었고, 내게 다른 심리학 책에 대해서도 물어보았다.

옆에서 보아도 예지는 훌륭한 상담사였다. 어제는 밤늦게까지 카톡으로 상담을 해 주었다고 했다.

"저 하고 싶은 것이 생겼어요!"

예지가 수줍게 이야기를 시작했다. 미술치료사가 되고 싶다고 했다. 예지는 아이들의 아픈 이야기를 들어 보니 자신이 다른 사람들에게 끊임없이 공감을 바랄 것이 아니라 상대방에게 먼저 공감해 주는 것이 더 빠르겠다는 것을 알았다.

"전 제가 예민한 것이 너무 싫었어요. 엄마도 항상 제게 언니는 그냥 넘어가는데, 하며 비교했거든요. 이왕 이렇게 태어났으니 이제는 그것을 제 단점이 아니라 장점으로 만들어 보려고 해요."

나는 예지가 지금도 누구보다 훌륭한 상담사라는 것을 알고 있다. 그렇게 우리 훌륭한 예지는 가을을 잘 넘기고 있다. 나는 예지의 고객(?)을 위한 정보만 찾아 주면 되었다. 그렇게 자기의 감정에 빠져서 위태롭게 서 있던 예지의 가을은 주변 사람들의 마음을 들여다보면서 조금씩 지나가고 있었다.

다른 사람의 마음을 생각하기 좋은 책

❋ 『그림으로 읽는 生生 심리학』 이소라 지음, 그리고책

 좀 쉽게 읽을 수 있는 심리학 관련 책 좀 알려 주세요.

 이 책 괜찮아. 이거 봐.

 어? 만화네. 재미있겠다.

 이거 웹툰에 연재했던 거래. 심리학과 학생인데 자기가 공부하면서 정리한 거라네. 이렇게 공부하면 잘될 것 같지 않니?

● 생활 속에서 궁금했던 55가지 실용 심리학 이야기가 톡톡 튀는 그림들과 함께 펼쳐지는 책이다.

❋ 『닥터프로스트』 이종범 지음, 애니북스

 쌤, 여기 주인공 완전 멋져요. 심리학과 관련된 웹툰 중에 제일 재미있는 것 같아요.

 나도 재미있게 봤어. 그런데 여기 나오는 검사를 받아 본 적 있어?

 네, 집, 나무, 사람 그리는 거 해 봤어요.

 신기하지? 그림을 보고 그 사람의 심리 상태를 알아내잖아.

 선생님도 할 수 있어요? 저도 해 주세요! 저 이런 거 완전 좋아해요.

● 대학에서 심리학을 전공한 만화가가 정신과 전문가들의 자문을 받아 그려낸 심리 웹툰. 인간의 감정이 결여된 백교수가 주인공인데 그에게 찾아오는 환자들의 이야기가 흥미진진하게 펼쳐진다.

❄︎ 『FBI 행동의 심리학』 조 내버로·마빈 칼린스 지음, 박정길 옮김, 리더스북

 범죄자들 이야기인가 봐?

 아빠가 보려고 산 책인데 제가 봤어요. 그때 미국 드라마를 보고 있었는데 이 책을 보면서 드라마를 보니 더 재미있더라고요.

 심리학 중에 범죄심리학이 있는데 사람을 범인으로 보고 분석한다는 게 우울하긴 하다.

 저도 그런 생각했어요. 이 책을 보니 주변 사람들 행동이 평소랑은 다르게 보이더라고요.

● 전직 FBI 요원이며 행동전문가인 조 내버로가 타인의 몸짓과 표정을 읽고 사람의 마음을 알아내 효과적인 커뮤니케이션을 할 수 있는 기술을 담았다.

❄︎ 『독이 되는 부모』 수잔 포워드 지음, 김형섭 외 옮김, 푸른육아

 다 엄마 때문이에요. 엄마를 용서할 수가 없어요.

 용서하지 마. 그것보다 엄마가 무엇을 잘못했고, 그걸 네게 사과했는지가 더 중요해.

 아, 그래요?

 그래, 그냥 짜증 나는 일은 없어. 다 이유가 있는 거지. 이 책에는 부모에게 충분하게 화내는 법이 나와 있어.

● 독이 되는 부모의 유형을 알아보고, 그런 부모에 대처하는 방법을 말해 주는 책이다. 아이가 부모에게 상처받는 상황들을 구체적인 예로 보여 주고 대처법을 알려 줘, 부모에게 받은 상처를 넘어서 자신의 인생을 개척할 수 있게 도와준다.

새로운 시작을 약속한 아이

이제는 한곳에서 살고 싶은 은기

은기가 가고 싶은 고등학교에 합격했다. 남들 다 가는 고등학교에 간 것뿐인데 아무나 잡고 마구 자랑하고 싶을 만큼 좋았다.
"선생님께 제일 먼저 알려드리고 싶었어요."
은기의 떨리는 목소리에 눈물이 났다.
고등학교에 가서 잘 지낼 수 있을지, 계속 아빠와 살 수 있을지 걱정이 되었지만 오늘 하루는 그냥 좋아하며 축하만 해 주고 싶었다.
은기를 학교에서 만난 것은 잠시였다. 선생님들을 통해 소문을 먼저 들었다.
"멀쩡하게 생겨서 예의라는 건 들어 본 적도 없을 것 같은 나쁜 놈."
아이들에게 들은 이야기도 그다지 다르지 않았다.
"은기랑 있으면 재수가 없어요. 오토바이 타면 사고 나고, 가출하면 꼭 경찰한테 잡히고. 아마 은기는 커서 범죄자가 될 거예요."

은기와 함께 노는 아이들은 많은데 은기를 좋게 말하는 아이는 한 명도 없었다. 은기가 궁금하기는 했지만 그 당시 매일 벌어지는 다른 사건사고로 은기와 만날 여유가 없었다. 그런데 어느 날 거짓말처럼 은기가 내 앞에 나타났다. 잠깐 교무실에 다녀오니 은기가 앉아 있었다.

"쌤 이야기 많이 들었어요. 애들이 쌤은 좀 이상한데 괜찮다고 하더라고요."

수업 시간이었지만 교복도 입고 있지 않은 은기가 교실에 들어갈 일은 없을 듯싶었다. "칭찬으로 듣겠다!"라며 교무실에서 받아온 떡을 주었다.

"이렇게 드시니 살이 찌죠."

"몸매 유지하려고."

은기가 웃었다. 오랜 가출로 냄새가 심하게 났지만 웃는 모습이 귀엽고 잘생긴 미소년이었다. 은기는 교육복지실 책꽂이에서 꺼낸 『15소년 표류기』를 읽기 시작했다.

며칠 후 징계위원회가 열렸다. 은기에게 돈을 빼앗긴 아이들이 학교에 신고했기 때문이었다. 피로에 잔뜩 찌든 얼굴의 은기 아버지가 교무실로 들어왔다. 아버지는 얼굴을 들지 못했고, 나를 찾았다.

"은기가 학교에 가면 선생님을 찾으라고 하더라고요. 은기 담임선생님이세요?"

"아니요. 은기랑 친해서요."

"은기가 원래 저런 애가 아니었어요. 엄마랑 2년 정도 살다가 저렇게 변했어요. 아주 괴물이 되어 버렸다니까요. 힘들어도 엄마한테 보내는 게 아니었는데……. 형은 안 그래요. 공부도 아주 잘해서 지금 서울에 있는 명문

대에 다니고 있어요. 저 새끼는 엄마를 닮아서……. 제가 밤을 새워 트럭 운전하며 돈을 벌면 뭐하겠어요. 지가 알기나 하겠어요?"

은기네 부모님은 은기가 초등학교 2학년 때 이혼했다. 그리고 은기는 아빠와 형과 살았는데 아빠는 야간 운전을 하기 때문에 은기네 형이 2년 전에 군대에 가면서 혼자 두는 게 걱정이 되어 은기를 엄마한테 보낸 것이었다. 그때 은기가 6학년이었고, 중학교에 들어오면서 불량한 아이들과 어울려 지내더니 갑자기 경찰서에서 연락이 오기 시작했다고 했다. 그래서 아빠가 다시 아이를 데리고 왔지만 이미 손을 쓸 수 없을 정도로 비행이 심각해졌다고 했다. 그동안 아빠는 때려도 보고 달래도 보고 안 해 본 것이 없다고 했다.

결국 은기는 전학을 갔다. 다시 수원에 있는 엄마랑 살기로 했다고 한다. 나는 은기가 잘 지낼 거라고 기대하지 않았다. 그리고 은기는 전학 가는 날 나를 찾아와서 이렇게 말했다.

"저, 자주 올 거예요. 엄마 우는 소리, 정말 생각만 해도 짜증 나요."

한 달 후 새벽 1시. 은기에게 전화가 왔다. 막 자려고 누웠다가 전화를 받았다. 합정동인데 꼭 와 달라는 것이다. 집에 들어가고 싶은데 택시비가 없다고 했다. 집에 들어간다는 것만으로도 반가운 소리였다. 살짝 망설였는데 올 때까지 기다리겠다며 전화를 끊었다. 옆에 다른 아이들 소리도 들렸다. 혼자 가는 것은 좀 위험한 듯하여 남자 선생님에게 동행을 부탁했다.

그렇게 만난 아이들은 모두 세 명! 아이들의 집은 의정부, 군자역, 그리고 은기를 데려다 주어야 할 곳은 수원이었다. 먼저 두 명의 아이들을 데려다 주고 수원으로 향했다. 은기는 얻어 타는 차에서 말없이 가는 건 운전하는 사람에 대한 예의가 아니라며 자기 이야기를 시작했다.

원래 은기는 공부를 잘하는 학생이었다. 공부 잘하는 형이 멋있어 보여 형 방에 있는 세계명작 책도 다 읽었는데 내 책상에 그 책들이 꽂혀 있어서 나를 처음 보았을 때 마음에 들었다고 했다. 하지만 형은 자신을 아는 체하지도 않고 항상 아침에 나가서 밤늦게 돌아왔다. 그 이유는 은기의 엄마와 형의 엄마가 다르기 때문이었다. 형과 엄마는 나이 차이가 많이 나지 않았다. 그래서 형은 엄마를 엄마라고 부르지도 않았고, 집에서는 항상 인상을 쓰고 있었다. 은기는 술 마시고 엄마를 때리는 아빠보다, 자기를 무시하는 형보다, 항상 우울한 엄마가 더 싫었다. 이혼하면서 아빠와 살겠다고 결정한 것도 은기였다. 엄마와 살면 자신도 우울해질 것 같았기 때문이다. 하지만 은기는 자신이 아무리 노력해도 형처럼 되지 못한다는 것을 초등학교 고학년이 되어 깨달았다. 자신에게는 무식한 엄마의 피가 흐르기 때문이었다.

은기를 무사히 수원까지 데려다 주었다. 의정부와 군자역을 들러 수원까지 다녀오니 날이 밝아오고 있었다. 은기네 집 앞 편의점에 내려 김밥과 음료수를 사서 같이 먹었다.

"선생님! 제가 성공하면 꼭 이 은혜 갚을게요."

은기는 내가 꽤 멀리 갈 때까지 뒤에서 손을 흔들고 있었다.

세 달 후 은기는 지나가는 학생의 돈을 빼앗고, 오토바이 사고를 내고, 편의점에서 물건을 훔친 죄로 재판을 받게 되었다. 재판을 받는 날, 은기는 무섭다며 나를 찾아왔다. 재판에 참석하지 않는 것은 재판에 더 불리할 듯하여 은기를 설득하였다. 아빠도 엄마한테 자신을 버렸고, 엄마도 자기가 들어오지도 못하게 현관문 비밀번호를 바꾸어 버렸다고 했다. 그러니 자기는 보호자도 없이 재판을 받으러 갈 수 없다고 했다. 은기는 떨고 있었다. 아빠에게 전화했더니 전화는 받지 않고 엄마 전화번호만 문자로 보내왔다. 일단 내가 은기를 법원으로 데리고 가면 엄마가 바로 법원으로 온다고 했다.

재판이 끝났다. 은기는 포승줄에 묶여 분류 심사원으로 후송되었고, 은기 엄마는 계속 울고만 있었다.

은기 엄마는 스무 살에 은기를 임신한 후 은기 아빠랑 결혼했다. 그 후 10년 동안 한 번도 마음 편히 산 적이 없다. 은기 형은 항상 자신을 더러운 것 보듯 했고, 은기 아빠는 매일 술을 먹고 엄마를 때렸다. 엄마는 형 눈치 보느라 은기한테 따뜻한 눈길 한 번 주지 못했다. 옷도 형 옷을 두세 벌 사 주고 나서야 은기 옷 한 벌을 샀다. 먹는 것도 항상 형을 먼저 주고 남은 것을 은기에게 먹였다. 그러다 우울증이 생겼고, 결국 "얼굴만 봐도 우울해진다."며 그 집에서 쫓겨났다. 그리고 오빠네 집으로 왔는데 한 번도 잘해 준 적이 없는 은기가 계속 마음에 걸렸다. 다행히 은기와 다시 살 수 있는 기회가 생겼는데 은기는 짜증만 냈고, 엄마는 아무 말도 하지 못했다. 그러다 은기에게서 술 마시고 때리는 은기 아빠의 모습이 자꾸 보여 너무 무서워졌다. 게다가 은기는 온갖 애들을 다 데리고 집에 와서 난장판을 만들어 놓곤 했다. 심지어 일하는 곳까지 애들을 다 데리고 찾아와서 돈을 달라고 했다. 은기 엄마는 이제 더 이상 어떤 것도 할 자신이 없다고 했다. 자살 시도도 여러 번 했는데 친정 오빠는 돈을 벌 것이 아니라 요양원에 들어갈 것을 권했다고 했다.

은기는 한 달 후 다시 재판을 받았고, 쉼터로 들어가게 되었다. 그리고 몇 달 후 연락이 왔다. 검정고시 공부를 하고 있는데 쉼터에서 일등을 하고 있다고 말이다. 외출도, 휴대전화도, 컴퓨터도 안 되고, 시골이라 나가도 볼 것도 없다며 투덜거리는데 목소리가 무척 밝았다. 할 일이 없어서 공부하는데 공부가 재미있다고 했다. 책 이야기도 한참 나누었다. 은기는 내가 어떤 이야기를 좋아할지 알고 있었던 것이다. 그곳의 검정고시 선생님들께 책을 많이 읽어서 공부를 잘한다는 칭찬도 들었다고 했다. 이제까지 아무도 읽지 않은 새 책을 처음 펼쳐 보는 즐거움도 있다고 했다. 자신은 크게 될 사람이라 모험 소설만 읽게 된다고 너스레도 떨었다.

그렇게 은기는 검정고시를 잘 보았고, 무사히 퇴소도 했다. 그리고 엄마는 요양원에 들어가고, 은기는 아빠와 함께 살게 되었다. 검정고시를 본 후 교육지원청에 고등학교 입학 요강을 알아보는 것을 도와줄 사람이 없어서 내가 도와주었다. 검정고시 성적이 좋아서 조금 좋은 특성화고등학교에 지원했다. 그리고 그 합격 소식을 내게 제일 먼저 알렸다. 이제 은기가 잘할 수 있을 거라는 확신이 조금씩 생기기 시작했다.

"우리 엄마가 쌤처럼 씩씩해졌으면 좋겠어요! 그리고 쌤, 보고 싶어요! 엄마도요."

그 후 은기는 학교에 잘 적응하며 성적도 오르고, 부회장도 되었다는 근황을 전해 왔다.

은기와 나눈 세계명작 이야기

여러 종류의 번역본이 있으므로 읽는 사람의 수준에 맞는 책으로 고르면 좋을 듯하다. 은기는 쉼터에 있는 초등학생용 전집을 읽었다고 한다.

❊ 『15소년 표류기』 쥘 베른 지음

철없을 때 아이들끼리 모여 살면 즐거울 거라는 생각을 했어요. 우리끼리 섬에 가서 살면 얼마나 좋을까, 하고요.

그런데?

제가 집을 오래 나가 봤는데 별로더라고요. 그런데 아이들은 나가 보지 않으면 계속 밖에 대한 환상이 있으니까 이런 책을 읽혀 보면 좋을 것 같아요. 사실 섬보다는 도시가 더 위험하니까요.

● 열다섯 명의 소년들이 난파를 당해 무인도에서 아이들끼리의 새로운 생활을 개척하는 이야기를 담고 있다. 인종과 국적과 나이가 다른 열다섯 소년들이 서로 협동하면서 어려움을 이겨 낸다.

❊ 『로빈슨 크루소』 다니엘 디포 지음

저도 주인공처럼 살았으면 좋겠어요. 무인도지만 왕이 된 느낌일 것 같기도 하고…….

넌 모험하는 것을 좋아하는구나.

갇혀 있으니 답답해서 그런 것 같아요. 그래서 애들한테 "우리도 섬에 갈까?"라고 했더니 후배들이 제가 자기들한테 일을 다 시킬 거라고 반대했어요.

● 표류하여 도착한 외딴 섬에서 홀로 생존하기 위해 원시적인 삶을 시작하게 되는 로빈슨 크루소의 이야기가 흥미진진하게 펼쳐진다.

❖ 「레 미제라블」 빅토르 위고 지음

저도 장발장 같은 거 아니에요? 그렇게 잘못한 것 같지 않은데…….

가슴에 손을 얹고 잘 생각해 봐. 정말이야?

하하, 아니요. 여기 들어온 아이들이랑 이야기해 보면 죄 지은 것을 자랑처럼 말해요. 여기 나가면 신고한 사람 다 죽여 버린다는 애들도 있는데 애들이 정신을 덜 차려서 그래요. 그런 거 보면 장발장이 대단한 거네요. 죄 안 지으려고 평생을 노력한 거잖아요. 잠시 만난 신부님 때문에 그럴 수 있을까요?

네가 이야기하는 것처럼 '인생은 한 방'인 것 같아. 그 신부님 안 만났으면 장발장은 다시 감옥에 갇혀서 평생 죄인으로 살 수밖에 없었던 거잖아. 신부님도 대단하지만, 그것을 운 좋네, 하고 쉽게 넘겨 버리지 않고 평생 기억하고 산 장발장도 대단한 거지.

저도 이제 대단해질 거예요. 돈 많이 벌어서 저 같은 애들 정신 차리게 해 주고 싶어요.

그건 돈을 많이 벌지 않아도 지금 네 자리에서 할 수 있어. 넌 후배들이 많이 있으니 말이지.

• 장발장은 누이의 아이들이 굶어 죽을 위기에 처하자 빵 한 덩어리를 훔치다 붙잡히고, 19년에 걸친 감옥살이 끝에 석방된다. 출소 후 그는 사회에 적응하기 위해 노력하나 좌절 끝에 또다시 절도의 유혹에 빠진다. 하지만 은촛대를 훔치려던 자신을 용서해 준 미리엘 주교의 사랑에 깊이 감명 받고 새로운 삶을 살기로 결심한다. 그 후 장발장이 숭고한 인간애와 사랑을 보여 주는 이야기가 이어진다.

❄ 아이들을 보내며 고등학교 선생님들께 드리는 편지

12월이 되면 3학년 아이들만 체험학습을 가는 경우가 많다. 그럴 때면 교육복지실이 텅 빈 것 같다. 1, 2학년 아이들이 오긴 하지만 3년 내내 정이 든 아이들이 없으니 마음이 허전하다. 아마 이 아이들이 졸업을 하고 나면 그런 기분이 더 들지 않을까? 매년 졸업을 시키는데 이번 아이들은 1학년 때부터 봐서 그런지 더 정이 간다. 이런저런 생각을 하다가 우리 아이들이 갈 고등학교 선생님들께 편지를 보내고 싶다는 생각을 했다. 고등학교에 가서 다시 찾아오는 아이들 중 대부분은 중학교 때가 좋았다고 하거나 더 이상 학교를 못 다니겠다고 투덜거린다. 이럴 때 고등학교에서 우리 아이들을 만나는 선생님에게 미리 아이들의 사정을 말해 주고 또 아이들이 어떤 책을 좋아하는지 귀띔해 준다면 아이들이 고등학교에서 적응을 좀 더 잘할 수 있지 않을까? 하는 생각이 들었다. 아이들과 있었던 일을 찬찬히 떠올리며 미

래의 선생님들께 당부(?)의 편지를 쓰기 시작했다. 편지를 쓰고 나서 아이들에게 재미있게 읽은 책 몇 권과 그 이유를 써서 보내 달라고 했다. 나와 읽은 책은 알고 있지만 중학교 생활 중에 재미있게 읽은 책은 다를 수 있기 때문이다. 문자로 책 이야기를 이어가면서 이제는 아이들과 마음이 잘 통하는 것 같아 즐거웠지만, 학교에서 보는 것은 마지막일 수도 있겠다는 생각에 다시 마음이 불편해졌다. 그리고 이제는 정말 '우리'가 된 아이들이 고등학교에 간다는 것이 (내가 고등학교에 보낸 것도 아닌데) 뿌듯하고 대견했다. 우리 아이들이 고등학교에 가서도 매일매일 조금씩 더 행복해지기를 빈다.

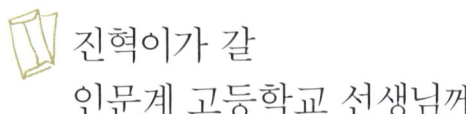# 진혁이가 갈
  인문계 고등학교 선생님께

　　　　　　공부도 해 본 적 없고, 학교는 오고 싶은 시간에 오고, 교복을 제대로 입은 것은 한 번도 본 적이 없습니다. 그런데 한없이 예쁜 아이입니다. 저와 같이 선뜻 가정방문도 나서 주고, 가출한 친구를 만나게 해 주기도 하고, 집에 들어가라고 직접 설득해 주기도 합니다. 그리고 매일 아버지가 다른 동생을 어린이집에서 찾아오는 일도 합니다. 가끔 제 고민 상담을 해 주기도 합니다. 그동안 새아버지 때문에 가출도 해 볼 만큼 해 보고, 엄마가 미워서 말썽도 부릴 만큼 부려 보았습니다. 잘 살고 싶은 꿈도 생긴 아이입니다. 함께 대화해 보시면 그렇게 생각이 없는 아이가 아니라는 것을 아실 수 있을 것입니다.

　　공부를 해 본 적이 없어서 수업 시간에 계속 엎드려 잘 수 있습니다. 그럴 때는 진혁이가 할 수 있는 숙제를 내주셨으면 좋겠습니다. 너무나도 기초가 없어서 고등학교 수업은 잘 따라갈 수 없을 것입니다. 그래도 가능하다면 그냥 자게 놔두지 않으셨으면 좋겠습니다. 그런 아이들이 너무 많아서 힘드시겠지만 그래도 참 힘들게 돌아온 아이입니다. 대학은 꿈조차 꾸지 않은 아이라 성적이 나쁘지만 이제는 잘하고 싶은 마음이 생겨서, 그리고 너무 노는(?) 아이들과는 좀 떨어져 있고 싶은 생각이 들어서 인문계를 선택하였습니다. 중학교 3학년 1학기에 장기 가출을 마치고, 버스를 타고 두 시간이나 걸리는 할머니 집으로 들어갔습니다. 그리고 그 이후 학교는 한 번도 빠지지 않고 다녔습니다.

얼마 전에 새아버지 집으로 들어갔습니다. 상황이 좋아진 것은 하나도 없지만 우리 진혁이는 이제 잘할 자신이 있다고 했습니다. 쉼터에서, 학교에서 좋은 어른들을 많이 만났고, 자신도 많이 건강해졌다고 했습니다. 새아버지가 때려도 욱하는 성격을 죽이고, 때릴 일을 만들지 않겠다고 했습니다. 참 살가운 아이입니다. 자신의 이야기나 친구들의 이야기도 아무렇지도 않게 툭툭 던져 놓습니다. 좀 더 많이 만나고 이야기를 나누지 못해서 아쉬운 아이입니다. 믿는 만큼 크는 아이기도 합니다. 한번 웃어 주시면 한 발짝 다가오는 아이입니다. 제발 그렇고 그런 아이(사실 그런 아이는 없지만)로 보지 말아 주세요. 한 번만 불러서 웃어 주시고 격려해 주시길 바랍니다.

📖 진혁이가 재미있게 읽은 책

동생이 좋아하겠다며 그림책에 관심을 보였는데 그중 특히 팝업북을 좋아했습니다. 한참 움직여 보며 자기가 어렸을 때 이런 책들을 읽고 자랐다면 훌륭한 인물이 되었을 텐데, 하며 투덜거리기도 했습니다.

『누가 내 머리에 똥 쌌어?』
베르너 홀츠바르트 지음, 볼프 예를브루흐 그림, 사계절출판사

여러 동물이 똥을 싸는 장면이 나오는데 특히 돼지는 똥이 다시 항문으로 들어가는 식으로 작동이 되어 있어 재미있었다. 거기만 계속 해 보다가 급기야 고장까지 내고야 말았다.

『오즈의 마법사』 라이먼 프랭크 바움 지음, 로버트 사부다 만듦, 넥서스주니어

글이 제법 많은 팝업북이라 처음에는 펼쳐 보기만 하다가 한 달이 지나서야 내용을 읽기 시작했다. 말로만 듣던 『오즈의 마법사』가 어떤 내용인지 처음 알았다. 줄이지 않은 내용이 궁금해서 좀 더 두꺼운 책으로 다시 빌려 봤다. 나중에 돈 많이 벌면 동생 보라고 로버트 사부다가 만든 책은 모두 사 줘야겠다.

『나의 체리나무집』 매기 배트슨 지음, 루이스 컴포트 그림, 신정숙 옮김, 서울교육

교육복지실에서 가장 인기 있는 책이다. 특히 여자아이들이 좋아한다. 인형놀이를 하듯이 노는 책인데 나도 아무도 없는 시간에는 재미있게 인형놀이를 하듯이 논다. 키가 180센치나 되는 덩치 큰 녀석이 그러고 있는 모습을 보면 다들 놀랄 것 같다.

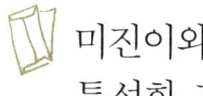 미진이와 소희가 갈
특성화 고등학교 선생님께

　　　　　　미진이는 손재주가 많은 아이입니다. 졸졸 쫓아다니며 선생님을 챙겨 주는 것도 좋아하는 예쁜 딸 같은 아이입니다. 외로움을 많이 타서 친구도, 자기가 좋아하는 선생님도 보이지 않으면 불안해합니다. 내가 네 옆에 있을 거고, 널 잊지 않을 거라는 이야기를 가끔 해 주면 좋아합니다. 예쁘고 능력이 많은 아이인데 자존감이 많이 부족합니다. 공부를 하면 잘할 것 같은데, 머리도 나쁘지 않은데 미진이 말로는 4학년 이후로 공부는 손을 놓았다고 했습니다. 엄마, 아빠와 할아버지 집을 나오면서 미진이의 불행이 시작되었다고 했습니다. 고부갈등이 심했던 엄마는 할아버지 집을 나오면서 마음껏 자유를 누리신 모양입니다. 아빠는 경제적인 어려움 때문에 여기저기 일을 다니느라 바쁘셨고, 형제가 없었던 미진이는 방과 후에 혼자 지내는 날이 많았다고 했습니다. 그러다가 학교에서 얼굴이 예쁜 미진이를 남자아이들이 심하게 쫓아다녀 심하게 왕따를 당해 고생한 이야기도 들려주었습니다.

  소희도 손재수가 많은 아이입니다. 미진이와는 반대로 씩씩해 보이는 아이입니다. 오히려 좀 차가워 보일 수도 있습니다. 그런데 그건 다 그렇게 보여지고 싶어서 그러는 것입니다. 5년 전, 엄마가 집을 나간 후 집안일을 도맡아 하고, 공부도 열심히 하는 정말 씩씩한 아이입니다. 그런데 얼마 전, 제게 엄마가 집을 나간 날 자기도 따라가지 못한 것을 가장 후회한다는 고백을 했습니다. 긴 세월 동안 아무에게도 말하지 않은 그 이야기를 제게 하던 날, 소희의 외로움을 보았습니다. 여자가 되어 가고 있는 아이에게 그렇게까지 엄마가 절실한지 소희를 만나기 전까지는 잘 몰랐습니다. 잘 있다고 해서 그냥 넘기지 마시고, 따뜻한 말 한마디라도 꼭 더 해 주시면 좋겠습니다. 담임선생님이 엄마 같은 분이셨으면 좋겠습니다. 집에서 주부 역할을 하고 있어서 그런지 제법 반찬거리 이야기가 잘 통하는 아이입니다. 미진이가 소희네 집에 자주 가는데 그런 날이면 소희가 과자도 구워 주고, 볶음밥도 만들어 준다며 제게 자랑했습니다. 그렇게 이 두 아이는 엄마의 빈자리를 채워 가며 지내고 있었습니다. 참, 소희는 책을 무척 좋아합니다. 직접 소설을 쓰기도 합니다. 빨리 돈을 벌어야 한다며 특성화 고등학교를 선택하기는 했지만 사실 소설가가 되는 것이 꿈인 아이입니다. 글쓰기 대회가 있으면 참가할 수 있도록 도와주시면 더 좋겠습니다. 돈을 많이 번 다음에 소설가가 되겠다고 할 정도로 너무나 현실적인 아이입니다.

📖 미진이가 재미있게 읽은 책

『트와일라잇』 스테프니 메이어 지음, 변용란 외 옮김, 북폴리오

소설을 별로 좋아하지 않았는데, 소설책에 빠지게 만든 책, 그래서 시리즈를 다 읽었는데 그중 『이클립스』는 재미없었다.

『어느 날 내가 죽었습니다』 이경혜 지음, 송영미 그림, 바람의아이들

친구들이 재미있다고 해서 읽은 책이다. 아이들이 책을 많이 추천해 주는 편인데 그중 이 책은 제목이 마음에 들었다. 그리고 내용도 좋았다.

『스쿼시』 팀 보울러 지음, 유영 옮김, 놀

『리버보이』를 읽고 재미있었는데 같은 작가라고 해서 읽어 보았다. 내가 인생이 도무지 자신이 없고 재미도 없다고 생각하고 있을 때, 이 책의 주인공을 만나 같은 생각을 한 것 같다.

『흑설공주 이야기』 바바라 G. 워커 지음, 박혜란 옮김, 뜨인돌

학급문고에 있어서 읽었다. 동화를 변형한 것이고 짧아서 심심할 때 보기 좋았다.

📖 소희가 재미있게 읽은 책

『검은 집』 기시 유스케 지음, 이선희 옮김, 창해
『예지몽』 히가시노 게이고 지음, 양억관 옮김, 재인

일본 작가가 쓴 미스터리 소설을 좋아한다. 머리가 복잡할 때는 이런 소설을 읽는다. 한번 푹 빠지면 스트레스도 풀리고 고민도 멈추는 것 같다.

『차가운 학교의 시간은 멈춘다』 츠지무라 미즈키 지음, 이윤정 옮김, 손안의책

아침에 일찍 등교한다. 가끔 7시 반쯤 학교에 올 때도 있는데, 그때면 이 책이 생각난다.

『꿈이 있는 거북이는 지치지 않습니다』 김병만 지음, 실크로드

인물 이야기 같은 것은 그다지 좋아하지 않는데 텔레비전에서 이 사람 이야기를 보고 책을 한 번 보고 싶었다. 감동적이었다. 그냥 옆에 있는 평범한 사람의 이야기 같아서 더 감동적이었다.

『1리터의 눈물』 키토 아야 지음, 정원민 옮김, 옥당

실화 같지 않은 실화다. 이런 책은 절대 학교에 들고 다니며 읽지 않고 집에 혼자 있을 때 읽는다. 친구들한테 우는 모습을 보여 줄 순 없다.

『천국의 책방』 마쓰히사 아쓰시 지음, 조양욱 옮김, 예담

따뜻한 느낌이 드는 소설. 사토시처럼 책방에서 책을 읽어 주는 일을 하는 것도 나쁘지 않을 것 같다.

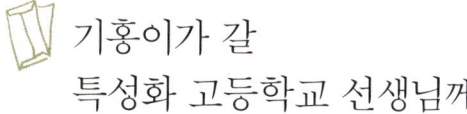 기홍이가 갈
특성화 고등학교 선생님께

　　　　기홍이의 합격 소식을 듣고 얼마나 기뻐했는지 모릅니다. 너무나 좋아서 다른 선생님들에게도 우리 기홍이가 붙었다고 자랑했습니다. 그러다가 그렇게 공부 못하는 애가 특성화 고등학교에 잘 다닐 수 있겠냐며 핀잔을 듣기도 했습니다. 그래도 저는 지금 너무 좋아서 며칠만 더 좋아하려고 합니다. 사실 기홍이가 특성화 고등학교에 떨어졌다면 인문계 고등학교도 붙을 수 없는 형편없는 성적이라서 특성화 고등학교에 잘 다닐 수 있을지 저 역시 자신이 없습니다. 그래서 더 부탁드리고 싶습니다. 기홍이는 다른 특성화 고등학교에 떨어지고 정말 세상을 다 산 사람과 같은 표정을 짓고 있었습니다. 기홍이가 웃는 모습이 얼마나 예쁜 아이인지 모릅니다. 그 웃는 모습이 예뻐서 실없는 농담까지 건네곤 했거든요. 학교에서 본 우리 기홍이의 평상시 모습은 항상 우울했습니다. 운동을 하다가 그만두었는데 공부로 돌아오기가 너무도 힘들었습니다. 가르쳐 보면 머리가 좋은 아이라는 것을 알 수 있을 것입니다. 그런데 기초 상식이 전혀 없다는 것도 같이 아실 수 있을 것입니다. 기홍이는 알코올중독으로 병원을 들락거리는 엄마와 지방 트럭 운전으로 겨우 생계를 유지하고 있는 아빠와 군대에 간 형이랑 살고 있습니다. 엄마가 병원에 간 날 밤이면 항상 혼자 지내야했습니다. 밥이라고는 학교에서 급식을 먹는 것이 하루 식사량의 전부라고 한 적도 있습니다. 아직 기홍이를 특성화 고등학교에 보내는 것이 맞는 것인지에 대한 확신은 없습니다.

  기홍이는 항상 주눅이 들어 있는 아이입니다. 혼을 내기보다는 가까이 앉아서 이야기를 해 주세요. 잘 알아듣습니다. 위협적인 상황이 되면 받아들이거나 부딪히기보다는 피하는 성향의 아이입니다. 어려서부터 부모님의 살뜰한 보살핌을 받은 적이 없는 아이입니다. 그러다 보니 다른 사람과 감정을 나누는 일을 잘 못합니다. 가끔 엄마가 입원한 병원에 가느라 학교를 빠지는데 제발 고등학교 때는 그런 일이 없길 빕니다. 한번 그렇게 빠지기 시작하면 바로 며칠을 빠지게 되고, 그러다 보면 반 친구들이 뭐라고 지적하고……. 다시 악순환이 반복되기 때문입니다. 우리 기홍이는 남자인데도 참 예쁘게 생겼습니다. 그러다 보니 남자아이들이 좀 못살게 굴기도 합니다. 그런 것도 잘 봐 주세요! 기홍이가 좋은 아이라는 것을 알게 되기까지는 시간이 조금 걸립니다. 피하지 말고 부딪혀 이기는 법을 알려 주셨으면 좋겠습니다. 우울한 성향도 있습니다. 우울 증세가 심해지면 제게 연락 주세요! 정말 거듭 잘 부탁드립니다. 우리 학교 선생님들 말씀대로 이렇게 공부 못하는 아이를 '사회적배려대상자'로 성적에 관계없이 보내서 미안합니다. 그래도 저처럼 우리 기홍이의 웃는 모습을 보면 마음이 바뀌실 거라고 생각합니다. 참, 아버지는 야간 운전을 하시기 때문에 아침에 주무시고 오후에 나가십니다. 집에 전화할 일이 있으면 저녁에 하시는 것이 좋을 것 같습니다. 제가 항상 오전에 전화했는데 그게 아버지의 잠을 깨웠다는 것을 나중에 알았습니다.

📖 기홍이가 재미있게 읽은 책

『나의 라임오렌지나무』 이희재 지음, 청년사

우연히 교실 내 책상 위에 놓여 있어서 읽게 된 책. 컬러 만화책이라 읽기 시작했는데 감동적이라 끝까지 보았다.

『그리고 아무도 없었다』 애거서 크리스티 지음, 이가형 옮김, 해문출판사

형이 재미있다고 해서 보게 된 책. 몇 년을 방에 굴러다녀도 읽지 않다가 학교 안 나갈 때 너무 심심해서 읽었는데 추리소설이 이렇게 재미있는지 처음 알았다.

『하악하악』 이외수 지음, 정태련 그림, 해냄

대학생 멘토 선생님과 읽은 책이다. 선생님이 참 좋았는데 그러다 보니 선생님이 권해 주신 책도 좋았다. 내용을 다 이해한 건 아니지만 그림도 좋고, 있어 보이는 책이었다.

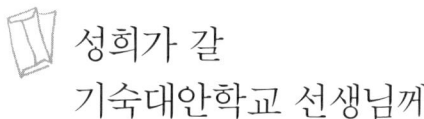# 성희가 갈
기숙대안학교 선생님께

별로 웃는 일이 없고, 자기가 아니라고 생각한 것은 주변의 눈치 보지 않고 아니라고 이야기하는 아이입니다. 그러다가 초등학교 때부터 아이들에게 잘난 체한다고 미움을 받기도 하고, 따돌림을 당해 보기도 했습니다. 무엇을 도와주어도 고맙다고 한다거나, 자신이 도움을 주어도 고맙다는 말을 듣는 것을 무척이나 쑥스러워합니다. 청소할 때는 살짝 게으름을 부리기도 합니다. 자기가 좋아하는 것이 있으면 그것에 집중하느라 다른 중요한 것을 놓치는 경우도 많고요. 자신이 생각했을 때 잘못된 가치관을 가지고 있다고 생각하는 아이에게는 그게 아니라고 강한 어투로 말하기도 합니다. 대안학교 선생님들은 이런 친구들을 많이 보셔서 저보다 훨씬 더 잘 이해해 주시고 잘 대해 주시겠지요. 그런데 자꾸 부탁하고 싶습니다. 우리 성희는 다른 사람들과 잘 지내기 위해서 평범한 아이들의 몇 배로

노력해야 합니다. 중학교 1학년 때와 비교해서 정말 많이 변한 것이 이 정도입니다. 성희는 선생님이 부탁하는 것을 잘하는데 그런 것들을 하기 위해서 누구보다도 심적 부담을 많이 가지고 있습니다. 특히 다른 사람들의 감정을 이해하려면 조금 오랜 시간이 걸립니다. 자세히 설명해 줄 필요가 있습니다. 그런 것을 이야기한다고 해서 기분 나빠할 아이는 아닙니다. 그것도 하나의 지식으로 받아들여서 자기 속에 넣어 두려고 노력하는 아이입니다. 부정적으로 이야기하는 것을 좋아해서 바꿔 주려 노력해도 계속 부정적인 말만 해 선생님이 속상하실 수도 있습니다. 하지만 항상 진심은 통했습니다. 그리고 그런 부분은 성희도 알고 있습니다. 꼭 하나 부탁드리고 싶은 것은 성희에게 혼자만 있을 수 있는 시간을 달라는 것입니다. 앞서 말했듯이 인간관계에 누구보다도 에너지를 많이 써야 하는 아이입니다. 그래서 긴장하지 않고 지낼 시간을 주셔야 합니다. 이제까지 이런 스트레스들이 쌓여 과호흡증이라는 병을 만들었습니다. 공기 좋은 곳에서 지내니 다른 건강은 걱정 없는데 같은 공간에서 여러 아이들과 생활하게 된다는 생각을 하니 이 병이 걱정스럽습니다. 그리고 조별 모임을 하는 것도 잘하고 좋아하긴 하는데 성희가 과하게 감정을 쓰지 않도록 개입해 주시길 부탁드립니다. 또 성희는 같은 책을 읽고 이야기하는 것도 좋아합니다. 책을 워낙 많이 읽는 아이니 성희가 읽은 책 중 한두 권 정도는 읽고 이야기를 나눠 주시면 좋겠습니다. 너무 많은 부탁을 드려서 미안합니다. 성희는 분명 맞는 선생님이 있다면 최고의 학생이 될 것이며, 그렇지 않은 선생님이 있다면 마냥 부담스러운 학생이 될 것입니다. 매일 보는 성희를 더 키워서 보내지 못해 미안합니다. 학교생활을 하며 속상함을 많이 느낀 아이입니다. 그래서 대안학교에 가겠다고 했을 때 도와주었고, 합격했다고 했을 때 진심으로 기뻐했습니다. 3년, 길지 않은 기간입니다. 사회에 나가서 성희가 자신을 좀 더 편안하게 대하게 되도록 잘 부탁드립니다.

📖 성희가 재미있게 읽은 책

『박시백의 조선왕조실록』 박시백 지음, 휴머니스트

학교도서관에 신청했는데 일 년에 두 번밖에 신청이 안 되어 나누어 읽었다. 역사책 중에 지식과 재미가 적절히 조화된 책이다.

『네가 어떤 삶을 살든 나는 너를 응원할 것이다』 공지영 지음, 오픈하우스

엄마의 입장에서 하고 싶은 이야기들이 들어 있는 책이다. 성공하는 방법을 말하는 책보다 훨씬 나은 것 같다.

『노서아 가비』 김탁환 지음, 살림

역사를 배경으로 한 그럴듯한 소설이 좋다. 고종에게 매일 최고의 커피를 올리는 조선 최초의 바리스타를 둘러싼 미스터리와 반전이 흥미로웠다.

『다빈치 코드』 댄 브라운 지음, 안종설 옮김, 문학수첩

중학교에 들어와서 처음 도서관에서 읽은 소설책이다. 요즘 풍속화에 대한 강의를 듣고 있는데 이 책이 기억났다. 우리나라 그림으로도 이런 소설들을 쓸 수 있을 것 같다.

닫는 글

아이들에게 책의 씨앗을 심어 주자

나는 지금껏 '학교부적응청소년'이라 불리는 아이들을 만나 왔다. 그 아이들은 가족 때문에 힘들고, 친구 때문에 불안하고, 이성 친구에게 상처를 받기도 한다. 진로나 미래에 대한 걱정도 많이 한다. 특히나 학교를 다니기 싫어하는 아이들이 있는데 그럴 때마다 "그래도 학교는 다녀야 한다."는 조언을 하기엔 사실 학교의 현실이 그리 밝지도, 매력적이지도 않다. 이런 현실에서 아이들은 '짜증'이라는 한 단어로 슬픔도, 아픔도, 속상함도 모두 다 이야기한다.

이렇게 자신의 고민을 잘 표현하지 못하는 아이들에게 다가가기 위해, 불안한 현실만 있는 것은 아니라고 말해 주기 위해 내가 선택한 것이 바로 책이다. 사실 이렇게 아이들과 책 이야기를 하는 것은 내가 가장 좋아하는 일이기도 하다. 하지만 아이들은 책이라면 도망가거나 손사래를 치는 경우가 대부분이다. 그런데 조금씩 노력하다 보면, 그런 아이들에게서 "그 책 한번 쥐 보세요."라는 말을 들을 수 있다! 그게 얼마나 신 나는 일인지 겪어 보지 않으면 모를 것이다.

그림책도 좋고 소설책도 좋다. 아이들 표현에 의하면 지질이 궁상인 주인공도 좋고, 개념 없고 말도 안 되는 등장인물도 괜찮다. 아이들과 실컷 책에 대해 투덜거리거나 책을 펼쳐 놓고 웃다 보면 아이들은 자기도 모르는 사이 온갖 이야기를 하기 시작한다. 이럴 때면 누구보다도 예쁜 얼굴이 되어 있다. 어린아이처럼 귀여운 모습도 보였다가 다 큰 어른 같은 든든한 모습을 보이기도 한다. 이렇게 이야기를 하다 보면 "쌤은 뭐가 그렇게 신 나요?"하고 묻는 아이들이 생긴다. 그리고 내 곁으로, 책 옆으로 온다. 물론 이렇게 아이들과 친밀해지고, 책을 권해 주기까지는 시간이 많이 걸릴 수도 있다. 하지만 분명한 것은 아이들은 즐겁게 사는 사람들 곁으로 온다는 것이다.

아이들을 만나고 싶은 사람이 있다면 스스로가 먼저 행복하길 바란다. 아이들은 도와주는 대상이 아니라 함께 행복해질 수 있는 친구다. 그리고 책이 아이들 곁으로 갈 수 있도록 다리가 되어 주었으면 좋겠다. 아이들이 친구를 사귀듯이 책을 좋아하는 우리가 먼저 그 아이들의 친구가 된다면 아이들이 좀 더 쉽게 책을 만날 수 있을 것이다. 그리고 직접 아이들을 만나지 않더라도 아이들에게 책을 읽으며 행복해하는 모습을 보여 주는 것만으로도 충분하지 않을까. 나는 그 모습이 아이들이 책에 조금이나마 관심을 가질 수 있도록 언젠가 도와줄 것이라 믿는다.

이 책에서 풀어놓았듯이, 그동안 나는 많은 아이들을 만났고 책에 대한 이야기를 했다. 그리고 그 이야기들이 아이들의 가슴속에서 이야기 씨앗이 되어 멋진 나무로 자라는 것을 볼 수 있는 행운까지 누렸다. 책이 아이들을 어떻게 변화시키는지 지켜본 것이다. 그런 경험을 바탕으로, 아직 그리 밝지 못한 현실과 미래를 사는 데 책이라는 친구가 아이들 곁을 잘 지켜 줄 것이라 믿는다. 앞으로도 좀 더 나은 미래를 꿈꿀 수 있게 하는 책으로 아이들을 계속 만나고 싶다.

끝으로 지금 내 곁에 있는 사랑하는 우리 아이들. 선미, 연경, 한중, 승주, 수민, 소중, 동건, 범진, 진현, 현성, 용범, 지윤, 건우, 민경, 성수, 유근, 나라, 영우. 인혁, 원석이가 내가 앞으로 만날 아이들의 멋진 선배가 되어 주길 바란다.

선생님과 학생이 함께 읽은 책

 1장 아이에게 다가가는 방법

알 수 없는 불안 때문에 책을 읽지 못하는 아이

『호기심』 이금이 외 지음, 김경연 엮음, 창비
『자린고비의 죽음을 애도함』 윤영수 지음, 창비
『엄마의 마흔 번째 생일』 최나미 지음, 정문주 그림, 사계절출판사
『딸은 좋다』 채인선 지음, 김은정 그림, 한울림어린이
『마녀 사냥』 라이프 에스퍼 애너슨 지음, 매스 스태에 그림, 김경연 옮김, 보림
『가시내』 김장성 지음, 이수진 그림, 사계절출판사

읽는 데 부담 없는 시로 친해진 아이

『정본 윤동주 전집』 윤동주 지음, 홍장학 엮음, 문학과지성사
『국어시간에 시 읽기 1』 전국국어교사모임 엮음, 휴머니스트
『난 빨강』 박성우 지음, 창비
『백석전집』 백석 지음, 김재용 엮음, 실천문학사
『내일도 담임은 울 삘이다』 류연우 외 지음, 김상희 외 엮음, 휴머니스트

책을 선물하며 마음을 연 아이

『울기엔 좀 애매한』 최규석 지음, 사계절출판사
『신과 함께』 주호민 지음, 애니북스
『스쿨홀릭』 신의철 지음, 한즈미디어
『나의 라임오렌지나무』 이희재 지음, 청년사

그림책으로 이야기를 시작한 아이

『폭풍우가 지난 후』 닉 버터워스 지음, 강인 옮김, 사계절출판사
『고 녀석 맛있겠다』 미야니시 타츠야 지음, 백승인 옮김, 달리
『이상한 녀석이 나타났다!』 로드리고 폴게이라 지음, 폴리 베르나테네 그림, 서연 옮김, 아이맘
『괴물들이 사는 나라』 모리스 샌닥 지음, 강무홍 옮김, 시공주니어
『세상에서 제일 힘센 수탉』 이호백 지음, 이억배 그림, 재미마주
『엄마 까투리』 권정생 지음, 김세현 그림, 낮은산

2장 알맞은 책을 권하는 방법

수업 시간에 매일 자는 아이

『셜록 홈즈』 아서 코난 도일 지음
『호기심』 이금이 외 지음, 김경연 엮음, 창비
『그리고 아무도 없었다』 애거서 크리스티 지음, 이가형 옮김, 해문출판사
『애거서 크리스티 전집 2 그리고 아무도 없었다』 애거서 크리스티 지음, 김남주 옮김, 황금가지
『4teen』 이시다 이라 지음, 양억관 옮김, 작가정신

연애에 관심 있는 아이

『사랑하다가 죽어버려라』 정호승 지음, 창비
『1cm⁺ 일 센티 플러스』 김은주 지음, 양현정 그림, 허밍버드

애완동물을 좋아하는 아이

『언제나 만날 수 있어』 키쿠다 마리코 지음, 최혜정 옮김, 고래가숨쉬는도서관

『이젠 안녕』 마거릿 와일드 지음, 프레야 블랙우드 그림, 천미나 옮김, 책과콩나무
『플란더스의 개』 위더 지음
『마들렌카의 개』 피터 시스 지음, 임정은 옮김, 베틀북
『안녕, 고양이는 고마웠어요』 이용한 지음, 북폴리오

사회에 관심 있는 아이

『대한민국 청소년에게 2』 고성국 외 지음, 바이북스
『아프니까 청춘이다』 김난도 지음, 쌤앤파커스
『이것은 왜 청춘이 아니란 말인가』 엄기호 지음, 푸른숲

진로가 걱정인 아이

『헝거 게임』 수잔 콜린스 지음, 이원열 옮김, 북폴리오
『십대를 위한 직업 백과』 이랑 지음, 신동민 그림, 꿈결
『하고 싶은 일 해, 굶지 않아』 윤태호 외 지음, 시사IN북
『소녀, 적정기술을 탐하다』 조승연 지음, 뜨인돌

옛날을 그리워하는 아이

『똥도감』 나카노 히로미 지음, 후쿠다 도요후미 사진, 김창원 옮김, 진선북스
『똥의 재발견』 서울랜드 엮음, 권현진 그림, 문공사
『자연을 꿈꾸는 뒷간』 이동범 지음, 들녘
『야생화 쉽게 찾기』 송기엽·윤주복 지음, 진선북스
『강우근의 들꽃 이야기』 강우근 지음, 메이데이
『꽃이 핀다』 백지혜 지음, 보림

3장 마음을 들여다보는 방법

자신감 없고 우울한 아이

『마당을 나온 암탉』 황선미 지음, 김환영 그림, 사계절출판사
『당나귀 귀』 쎄르쥬 뻬레즈 지음, 문병성 그림, 박은영 옮김, 문원
『난 죽지 않을 테야』 쎄르쥬 뻬레즈 지음, 문병성 그림, 김주경 옮김, 문원
『이별처럼』 쎄르쥬 뻬레즈 지음, 문병성 그림, 김주경 옮김, 문원
『아름다운 나의 정원』 심윤경 지음, 한겨레출판
『밥이 끓는 시간』 박상률 지음, 사계절출판사

자신을 마주하기 시작한 아이

『호기심』 이금이 외 지음, 김경연 엮음, 창비
『개를 훔치는 완벽한 방법』 바바라 오코너 지음, 신선해 옮김, 놀
『열네 살』 다니구치 지로 지음, 양억관 옮김, 샘터사
『어린왕자』 앙투안 드 생텍쥐페리 지음
『오즈의 마법사』 라이먼 프랭크 바움 지음
『걸리버 여행기』 조너선 스위프트 지음
『빨간 머리 앤』 루시 M. 몽고메리 지음
『소나기』 황순원 지음
『운수 좋은 날』 현진건 지음

가족의 의미를 고민하는 아이

『울타리를 없애야 해』 보리 지음, 마장박 스튜디오 그림, 보리
『엄마 까투리』 권정생 지음, 김세현 그림, 낮은산
『유럽의 성 이야기』 파니 졸리 지음, 세르주 블로흐 그림, 홍은주 옮김, 삼성당아이
『중세의 파수꾼 성』 케이티 데인스 지음, 데이비드 핸콕 그림, 곽영미 옮김, 시공주니어
『프리즐 선생님의 신기한 역사 여행 ② 아널드, 중세의 성을 지켜라!』

조애너 콜 지음, 브루스 디건 그림, 장석봉 옮김, 비룡소
『교과서에 나오는 유네스코 세계 문화유산』 이형준 지음, 시공주니어

자기애가 부족한 아이

『개 같은 날은 없다』 이옥수 지음, 비룡소
『우리 반 인터넷 소설가』 이금이 지음, 이누리 그림, 푸른책들
『오, 나의 남자들!』 이현 지음, 문학동네

감정 표출이 어려운 아이

『삼국지』 나관중 지음
『기억 전달자』 로이스 로리 지음, 장은수 옮김, 비룡소
『어쩌다 중학생 같은 걸 하고 있을까』 쿠로노 신이치 지음, 장은선 옮김, 뜨인돌

사람들과의 관계에서 상처받은 아이

『암탉, 엄마가 되다』 김혜형 지음, 김소희 그림, 낮은산
『동물원에서 프렌치 키스하기』 최종욱 지음, 반비
『나쁜 고양이는 없다』 이용한 지음, 북폴리오

친구들과 어울리기 어려운 아이

『일본만화의 사회학』 정현숙 지음, 문학과지성사
『신과 함께』 주호민 지음, 애니북스
『원피스』 오다 에이치로 지음, 대원씨아이
『식객』 허영만 지음, 김영사
『미스터 초밥왕』 다이스케 테라사와 지음, 학산문화사

『당신의 모든 순간』 강풀 지음, 재미주의
『심야식당』 아베 야로 지음, 미우

가족 관계가 어려운 아이

『폭풍우가 지난 후』 닉 버터워스 지음, 강인 옮김, 사계절출판사
『꽃이 핀다』 백지혜 지음, 보림
『봄 이야기』 질 바클렘 지음, 이연향 옮김, 마루벌
『피터래빗 이야기』 베아트릭스 포터 지음, 김동근 옮김, 소와다리
『내가 아빠를 얼마나 사랑하는지 아세요?』
샘 맥브래트니 지음, 아니타 제람 그림, 김서정 옮김, 베틀북

4장 조금씩 나아가는 힘을 불어넣는 방법

외로웠던 유년 시절을 만난 아이

『엄마는 나 없을 때 뭘 할까?』 이민경 지음, 강산 그림, 행복한상상
『나는 엄마가 좋아』 사카이 고마코 지음, 이선아 옮김, 중앙출판사
『엄마 마중』 이태준 지음, 김동성 그림, 보림
『엄마를 화나게 하는 10가지 방법』
실비 드 마튀이시옥스 지음, 세바스티앙 디올로장 그림, 이정주 옮김, 어린이작가정신
『엄마가 화났다』 최숙희 지음, 책읽는곰

관심이 필요한 아이

『머리에 피도 안마른 것들 인권을 넘보다ㅋㅋ』 공현 지음, 메이데이
『불편해도 괜찮아』 김두식 지음, 창비

『인권은 대학 가서 누리라고요?』 김민아 지음, 끌레마
『십시일反』 박재동 외 지음, 창비

말 걸기가 서툰 아이

『남쪽으로 튀어!』 오쿠다 히데오 지음, 양윤옥 옮김, 은행나무
『내 이름은 망고』 추정경 지음, 창비
『위풍당당 질리 홉킨스』 캐서린 패터슨 지음, 이다희 옮김, 비룡소
『두근두근 내 인생』 김애란 지음, 창비
『공중그네』 오쿠다 히데오 지음, 이영미 옮김, 은행나무
『인 더 풀』 오쿠다 히데오 지음, 이규원 옮김, 은행나무
『면장 선거』 오쿠다 히데오 지음, 이영미 옮김, 은행나무

성폭력의 기억에서 벗어나고 싶은 아이

『유진과 유진』 이금이 지음, 푸른책들
『도가니』 공지영 지음, 창비
『독이 서린 말』 마이테 카란사 지음, 권미선 옮김, 사계절출판사

색다른 취미를 가진 아이

『파브르 곤충기 4: 전갈의 전투』 오쿠모토 다이사부로 지음, 이종은 옮김, 미래사
『거미야 놀자』 김주필·박병주 지음, 허한슬 그림, 써네스트
『거미 얘기는 해도해도 끝이 없어』 김순한 지음, 이민선 그림, 우리교육

음식에 집착하는 아이

『음식 잡학 사전』 윤덕노 지음, 북로드

『신나는 요리 맛있는 과학』 최진 지음, 탁재원 그림, 산책주니어
『2,000원으로 밥상 차리기』 김용환 지음, 영진닷컴

진짜 미래를 설계하기 시작한 아이

『즐거운 책 만들기』 박정아·안미정 지음, 예경
『365 창의력 만들기 대백과』 피오나 와트 지음, 에리카 해리슨 그림, 김정미 옮김, 미세기
『입체도형 팝업카드 만들기』 공룡과 나비잠 지음, 두베
『친절한 펠트 소품 DIY』 최연주 지음, 터닝포인트
『메이킹북』 폴 존슨 지음, 김현숙 옮김, 아이북

5장 꿈과 희망을 심어 주는 방법

미래를 생각하기 시작한 아이

『옷장에서 나온 인문학』 이민정 지음, 들녘
『교과서에 나오지 않는 발칙한 생각들』 공규택 지음, 우리학교

가출하는 동생이 걱정인 아이

『내 동생 앤트』 베치 바이어스 지음, 마르크 시몽 그림, 지혜연 옮김, 보림
『언니가 가출했다』 크리스티네 뇌스틀링거 지음, 최정인 그림, 한기상 옮김, 우리교육
『우리 언니』 샬롯 졸로토 지음, 마사 알렉산더 그림, 김은주 옮김, 사파리

다른 사람의 마음을 알아주는 아이

『나를 찾는 에니어그램 상대를 아는 에니어그램』
레니 바론·엘리자베스 와겔리 지음, 주혜명 외 옮김, 연경문화사
『아낌없이 주는 나무』 셸 실버스타인 지음
『그림으로 읽는 生生 심리학』 이소라 지음, 그리고책
『닥터 프로스트』 이종범 지음, 애니북스
『FBI 행동의 심리학』 조 내버로·마빈 칼린스 지음, 박정길 옮김, 리더스북
『독이 되는 부모』 수잔 포워드 지음, 김형섭 외 옮김, 푸른육아

새로운 시작을 약속한 아이

『15소년 표류기』 쥘 베른 지음
『로빈슨 크루소』 다니엘 디포 지음
『레 미제라블』 빅토르 위고 지음

아이들을 보내며 고등학교 선생님들께 드리는 편지

『누가 내 머리에 똥 쌌어?』 베르너 홀츠바르트 지음, 볼프 예를브루흐 그림, 사계절출판사
『오즈의 마법사』 라이먼 프랭크 바움 지음, 로버트 사부다 만듦, 넥서스주니어
『나의 체리나무집』 매기 배트슨 지음, 루이스 컴포트 그림, 신정숙 옮김, 서울교육

『트와일라잇』 스테프니 메이어 지음, 변용란 외 옮김, 북폴리오
『어느 날 내가 죽었습니다』 이경혜 지음, 송영미 그림, 바람의아이들
『스쿼시』 팀 보울러 지음, 유영 옮김, 놀
『흑설공주 이야기』 바바라 G. 워커 지음, 박혜란 옮김, 뜨인돌

『검은 집』 기시 유스케 지음, 이선희 옮김, 창해
『예지몽』 히가시노 게이고 지음, 양억관 옮김, 재인
『차가운 학교의 시간은 멈춘다』 츠지무라 미즈키 지음, 이윤정 옮김, 손안의책
『꿈이 있는 거북이는 지치지 않습니다』 김병만 지음, 실크로드
『1리터의 눈물』 키토 아야 지음, 정원민 옮김, 옥당

『천국의 책방』 마쓰히사 아쓰시 지음, 조양욱 옮김, 예담

『나의 라임오렌지나무』 이희재 지음, 청년사
『그리고 아무도 없었다』 애거서 크리스티 지음, 이가형 옮김, 해문출판사
『하악하악』 이외수 지음, 정태련 그림, 해냄

『박시백의 조선왕조실록』 박시백 지음, 휴머니스트
『네가 어떤 삶을 살든 나는 너를 응원할 것이다』 공지영 지음, 오픈하우스
『노서아 가비』 김탁환 지음, 살림
『다빈치 코드』 댄 브라운 지음, 안종설 옮김, 문학수첩